전치사 덕분에 영어공부가 쉬워졌습니다

아리송했던 전치사의 세계가 선명하게!

전치사의 핵심 의미가 한번에 찰칵!
전치사 캐릭터 도감

\# 복잡하고 의미가 다양한 전치사를 만화 캐릭터로 쉽게
\# 캐러닝=캐(Character)+러닝(Learning)으로 전치사 마스터
\# 즐겨 사용하는 전치사의 개념을 머릿속에 선명하게 찰칵!
\# 영어의 깊이를 추구하는 중급자는 물론, 초보자도 필독!

머리말

캐릭터들이
전치사의 세계를 화려하게!

전치사는 생각보다 어렵지요. 서점에 방대하게 늘어선 영어책 중에서 이 책을 손에 든 여러분! 전치사에 대해 어려움, 복잡함, 무엇보다도 절대로 외울 수 없을 정도로 많은 의미와 용법에 싫증이 났거나 질색한 적이 있지 않았을까 생각합니다.

그러나 그것은 어쩌면 당연한 것이라고 할 수 있습니다. 왜냐하면 전통 영어 공부, 특히 영문법의 전치사에 관해서는 '이런 의미도 있고, 그런 의미도 되고, 저런 용법을 조심해야 돼!'처럼 무작정 암기를 강요하는 것뿐이어서 전치사 속에 숨어 있는 '핵심'을 배울 기회가 적었기 때문입니다.

물론, 최근 몇 년 사이에 전치사의 의미를 무작정 암기하는 것이 아닌 이미지나 그림을 사용해 '이해'하려고 하는 움직임이 번지고 있습니다. 이것은 아주 좋은 일이라고 생각되고, 제 자신도 평상시의 수업이나 집필 중 그러한 방침에 근거해 전치사의 진짜 모습을 전하려고 노력하고 있습니다.

본 책에서는 거기서 한층 더 나아가, 전치사의 이미지와 의미를 말과 그림뿐만이 아니라 '캐릭터'로도 나타내 보았습니다. 캐릭터들은 전치사의 모습을 보다 사실적이고 효과적으로 선명하게 전달해 줍니다. 이로 인해, 영어 강사인 저 혼자서는 다 설명할 수 없는 전치사의 뉘앙스와 특징을 알기 쉽고 즐겁게 전할 수 있었던 것은 아닐까 자부합니다.

전치사의 깊이를 이론적으로 제대로 해설함으로써 벽에 부딪혀 있는 학습자의 답답함을 해소해 줄 수 있는 내용으로 구성하였습니다. 또한 아주 어려운 내용은 아니기 때문에 지금까지 '전치사 따윈 전혀 모르겠다' 혹은 '우선 of를 써 놓으면 될 것 같다'라고 생각하는 단순 초보자도 쉽게 내용을 이해할 수 있을 것입니다.

이 책을 통해 지금까지 캄캄했던 전치사의 세계가 매우 밝고 선명한 세계로 보이길 바랍니다.

세키 마사오

전치사는 이미지로 기억하자!

전치사라고 하면, 어떤 것을 사용하면 좋을지 모르겠고, 구별해서 사용하는 것이 어렵다고 느끼는 사람이 많은 것 같아.

맞아, 그래서 전치사를 어려워하는 사람은 대개 이렇게 말하고 있어.

- 전부 다 외울 수 없다
- 어떤 것을 사용하면 좋을지 모르겠다
- 복잡하다
- 적절하게 잘 못 쓰겠다
- 헷갈린다
- 모르겠다
- 용법이 많다
- 의미가 많다

하지만 괜찮아. 약간의 요령을 알면 전치사는 재미있는 것이라고 생각하게 될 테니까.

우선 전치사에서의 문제는 at은 '~에서', on은 '~ 위에', to는 '~에' 등으로 해석해 버린다는 거야.

예를 들어, 아래 예문에서는 모두 on으로 나타나지만, on이 '~ 위에'라고만 생각하고 있으면 정확하게 해석할 수 없어.

① **a book on the desk**
책상 위에 있는 책

② **a picture on the wall**
벽에 걸려 있는 그림

③ **a spider on the ceiling**
천장에 있는 거미

그렇군. on을 '~ 위에'라는 의미로 억지로 적용해서 해석하면 ②는 '벽 위에 있는 그림' ③은 '천장 위에 있는 거미'라는 식으로 이상한 문장이 되네.

중요한 것은, 각 전치사의
핵심 이미지를 파악하는 것!
왜냐하면 전치사는 우리말 번역[직역]이 아닌 영어 본래의 이미지를 아는 것이 열쇠가 되기 때문이야.
예를 들어, 자주 보는 전치사부터 보면……

at = 한 점

from = 출발점

in = 포위

of = 분리

on = 접촉

to = 방향·도달

핵심 이미지를 파악하면, 그 전치사의 전체 그림이 보이므로 활용하는 방법도 알게 되지. 이미지에서 의미를 떠올릴 수 있게 되므로 그 전치사가 가지는 의미를 모두 기억하지 않아도 다양한 문장을 자연스럽게 읽을 수 있게 되는 거야!

그거 정말로 편리하네!
당장 궁금한 항목부터
Check it!

알아 두고 싶어!

전치사

전치사란 at, for, in 등을 가리키며, 보통 명사(대명사, 동명사 포함) 앞에 놓인다. 그리고 전치사와 명사가 결합되어 하나의 의미를 나타낸다.

at 6:00 in the morning 오전 6시에
for two hours 2시간 동안
on the wall 벽에
under the table 탁자 밑에

Contents 목차

p.2 머리말
p.4 전치사는 이미지로 기억하자!
p.12 이 책의 구성

Part 1 흔히 볼 수 있는 기본 전치사

at p.16

by p.22

for p.28

from p.34

in p.40

of p.46

on p.52

to p.58

with p.64

Part 2 다양한 의미를 가진 전치사

about

p.72

after

p.76

against

p.80

around

p.84

before

p.88

off

p.92

since

p.96

under

p.100

Part 3 — 알고 있으면 이득이 되는 전치사

across

p.106

among

p.110

between

p.114

during

p.118

over

p.122

through
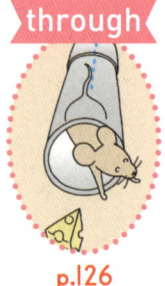
p.126

until

p.130

Part 4   알고 있으면 자랑할 수 있는 전치사

along

p.136

behind

p.140

beside

p.144

beyond

p.148

into

p.152

within

p.156

등장인물

Mr. K
TOEIC 990점 만점의 영어 달인. 수험생은 물론, 모든 영어 학습자에게 강력한 영향을 미치고 있다. 취미는 당구.

중얼거리는 새
전치사를 냉정하게 분석하는 개성파 새. 단순해 보이는 겉모습과는 달리, 날카로운 발언이 빛난다. 영어계의 샛별 (일지도 모름).

이 책의 구성

본 책에서는 전치사를 간단하게 이해할 수 있도록 캐릭터나 만화, 그림 등을 더해서 쉽게 해설해 놓았다.

at, by, for 등의 전치사 30개를 소개한다.

본 책은 4개 파트로 나뉘어 있다.
Part 1   흔히 볼 수 있는 기본 전치사   p.14
Part 2   다양한 의미를 가진 전치사   p.70
Part 3   알고 있으면 이득이 되는 전치사   p.104
Part 4   알고 있으면 자랑할 수 있는 전치사   p.134

around

원을 따라 돌다

around는 '원(round)을 따라서 그 주위를 돌다'의 이미지를 가지고 있어서 '주위에'라는 의미를 가진다. 또한 around에는 '(숫자와 함께) 약~'의 의미도 있다.

around
하늘에서 거리를 순찰하는 Mr. 버드는 원을 따라 날아다니는 기묘한 버릇이 있다. 특기는 자신의 날렵한 대략적인 거리를 아는 것

Mr. 버드의 순찰 편

전치사의 핵심 이미지를 소개한다. 여기를 읽으면 전치사의 개념이 확실히 잡힌다.

전치사의 이미지를 캐릭터로 나타냈다. 전치사의 의미가 선명해지는 것은 물론, 그 특징도 간단하게 잡힌다.

전치사의 캐릭터가 활약하는 만화이다. 즐겁게 읽으면서 전치사의 핵심을 파악해 보자.

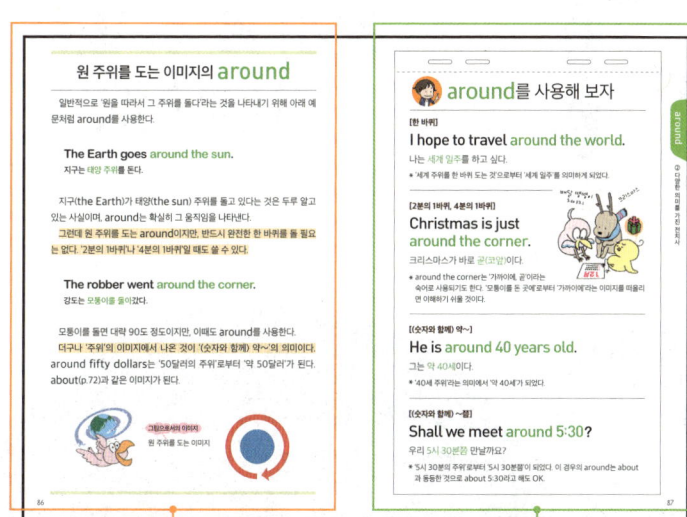

전치사의 해설이다. 설명과 함께 그림으로 확인함으로써 이해가 깊어진다.

마지막으로 예문으로 복습하여 실제 사용법을 최종 확인한다.

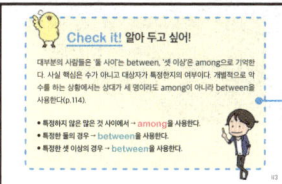

해설에서는 접할 수 없었던, 주제에 대한 추가적인 내용을 담아 설명한다.

＊일러두기
1. 용어의 설명이 필요한 부분은 주석을 달아 놓았습니다.
2. 본 도서는 일서를 번역한 것으로, 우리나라 문화나 정서와 다소 안 맞는 부분이 있을 수 있습니다. 본 도서는 전치사를 부담 없이 가볍게, 만화책 읽듯 술술 읽으며 파악할 수 있도록 기획된 도서인 만큼, 학습에 초점을 맞춰 읽길 권합니다.

13

Part 1 흔히 볼 수 있는 기본 전치사

at이나 on 등의 전치사는 알고 있는 사람이 많지? at은 '~에서', on은 '~ 위에'로 기억하고 있을 거야. 하지만 at이나 on의 의미는 그것만 있는 게 아니야. 핵심 이미지를 파악해서 파생되는 의미도 알아보자!

at은 다트 선수, for는 탐정, to는 배달원… 내가 그 이유를 알아낼 거야!

at p.16  한 점	**by** p.22  근접	**for** p.28  방향성
from p.34  출발점	**in** p.40  포위	**of** p.46  분리
on p.52  접촉	**to** p.58  방향·도달	**with** p.64  부대

at

한 점

시간이나 장소를 나타내는 at을 '~에서'라고 기억하고 있는 사람이 많지만, 기본은 '한 점'의 이미지이다. 여기서 파생되어 at은 '장소·시간'이나 '비율', '상태', '대상' 등의 의미를 나타낸다.

at

애칭 at으로 알려진 놀라운 솜씨의 다트 선수. 항상 한 점을 노리고 있다(하지만 명중할지 어떨지는 모름). 오늘 밤에도 다트를 감추고 밤거리를 홀연히 거닌다. 좋아하는 영화는 『허슬러』.

'한 점'에서 의미가 확장된 at

at은 핵심 이미지들이 모두 '한 점'에서 파생되어 ① 장소·시간 ② 비율 ③ 상태 ④ 대상 등의 네 가지 의미가 있다. 복잡하다고 느낄지 모르지만 '한 점'이라는 이미지를 기억하면 쉽게 이해할 수 있다. 이제 각각의 의미를 살펴보자.

❶ 장소·시간(때)의 한 점

at은 '한 점'으로부터 '장소·시간(때)의 한 점'을 나타낸다. 예를 들어, at Paris는 '파리라는 장소의 한 점'이며, '런던에 갈 때 파리에서 한 번 갈아타고……' 처럼 파리를 '지도상의 한 점'이라고 생각할 때 사용한다.

한편, '시간(때)의 한 점'에 있으면 다음과 같이 쓰인다.

I got up at 6:00 this morning.
나는 오늘 아침 6시에 일어났다.

at이 한 점을 나타내는 것을 생각하면, 예문은 '6시 정각에 일어났다'라는 의미가 된다.

그런데 at Paris와 비슷한 표현으로 in Paris가 있다. 앞에서 말한 것처럼 at Paris는 파리를 한 점으로 보고 있지만, in Paris는 파리라는 공간에 휩싸인 이미지이다. 즉, in의 핵심은 '포위'이므로(p.40) '유명한 샹젤리제 거리에서 개선문이 보이고, 양 옆에는 명품숍이 있고, 발 밑에는 비둘기가 있고……'와 같이 파리의 거리에 휩싸여 있는 모습을 나타낸다.

❷ 비율의 한 점

at의 '한 점'은 '눈금의 한 점'이라는 의미에서 속도계나 온도계 등의 '비율'을 나타낸다.

My father drove at 100 miles an hour.
아버지는 시속 100마일로 운전했다.

예문은 차 안의 미터기 바늘이 100마일이라는 '눈금의 한 점'을 가리키고 있다는 것을 나타낸다.

❸ 상태의 한 점

약간 더 어려운 의미에서, '한 점'으로부터 파생된 '상태의 한 점(~중)'이 있다.

Please make yourself at home.
편안히 계세요.

예문의 at home은 숙어로 '편안한'이라는 상태의 한 점으로부터 '편안히'가 되었다(여기에서 home은 '집'으로부터 '집에서 편히 지내는'의 의미가 됨).

예문의 make는 「make+O(목적어)+C(보어)」의 형태로, 'O를 C의 상태로 하다'라고 해석해.

직역하면 '당신 자신(yourself)을 집에 있는 상태(at home)로 해(make) 주세요.'인 거지.

❹ 대상의 한 점

여기까지 세 가지의 의미는 모두 정지된 한 점을 표현하고 있다. 그러나 '대상의 한 점'은 at이 확장되어 '목표로 하는 한 점'이 된다.

She looked at him.
그녀는 그를 보았다.

숙어인 look at ~(~을 보다)은 시선을 '한 점'에 던지고 있기 때문에 at이 사용된다. 마찬가지로 laugh at ~은 웃음을 던지는 것이므로 '~을 비웃다', smile at ~은 미소를 던지는 것이므로 '~을 보고 미소 짓다'가 된다.

그리고 at은 과녁의 한 점을 노리지만, 반드시 명중한다고 할 수는 없다. 마치 smile을 던져도 눈치 채지 못할 때가 있는 것과 같다. 게다가 at은 단지 '한 점을 향해'일뿐 도착 여부를 나타내지는 않는다. 이것은 뒤에 나오는 for(p.28)나 to(p.58)와 구별되는 특징이므로 기억해 두자.

그림으로서의 이미지
at은 한 점을 노리는 이미지

at을 사용해 보자

[장소·시간(때)의 한 점]

I met her at the corner.

나는 그녀를 모퉁이에서 만났다.

* 모퉁이를 '장소의 한 점'이라고 파악하여 at the corner로 나타낸 것이다.

[비율의 한 점]

The temperature stood at 32°C.

기온은 섭씨 32도였다. * stand (수준·양 등이) ~이다

* 온도계 눈금이 32°C라는 '한 점'을 가리키는 이미지이다.

[대상의 한 점]

The dog jumped at me.

개가 나에게 달려들었다.

* jump at ~(~를 향해 달려들다)은 숙어로 나라는 '한 점'을 노리며 잡으려는 이미지이다.

by

근접

by는 '~에 의해'라는 이미지가 강하지만, 본래는 '근접(~의 근처에)'이다. 이 이미지를 파악하면 그 외의 의미들을 암기에 의존하지 않고 쉽게 이해할 수 있다.

by

사랑에 사는 여자. 좋아하는 사람이 생기면 가까이 가서 살며시 지켜보는 타입. 상대에게 달려들지 않고, 조금 거리를 두며 항상 '나는 소녀야♡'라고 생각해…….

근접의 이미지가 기본인 by

by의 기본 이미지는 ① 근접(~의 근처에)이고, 이를 바탕으로 ② 경유 ③ 행위자 ④ 수단 ⑤ 단위·정도·차이 ⑥ 기한 등과 같은 의미를 살펴보자.

❶ 근접(~의 근처에)

by의 '근접(~의 근처에)'이라는 본래 의미부터 확인해 보자.

He always stood by his students in difficult times.
그는 어려운 시기에 항상 제자들 편을 들었다.

stand by는 1 방관하다 2 편들다 3 대기하다 등의 세 가지 의미가 있는데, 이러한 의미는 모두 '근접(~의 근처에)'으로부터 이해할 수 있다.

stand by

1 방관하다

~의 근처에(by) 서다(stand) → 방관하다

2 편들다

(정신적으로) 근처에(by) 서다(stand) → 편들다

3 대기하다

(무대 등의) 근처에(by) 서다(stand) → 대기하다

이처럼 '~의 근처에'라는 본래 의미를 알고 있으면 stand by의 세 가지 의미도 쉽게 이해할 수 있다.

❷ 경유

by의 '~의 근처에'라는 뜻을 알고 있으면, by way of ~(~을 경유하여)라는 숙어의 의미도 쉽게 짐작할 수 있다.

I went to Rome by way of Paris.
나는 파리를 경유하여 로마에 갔다.

by way of ~는 직역하면 '~의 길을 통해서'이다. by가 '~의 근처에'의 의미가 있어 by way of Paris는 '파리의 근처를 지나'로부터 '파리를 경유하여'가 된다.

❸ 행위자

가장 빈번히 사용되는 by의 '~에 의해'의 의미는 '~을 거쳐(경유)'의 의미에서 '~라는 사람을 통해'로 변한 것이다.

America was discovered by Columbus.
아메리카 대륙은 콜럼버스에 의해 발견되었다.

위 문장은 '아메리카 대륙은 콜럼버스를 통해 발견되었다'로부터 '콜럼버스에 의해'가 되었다.

❹ 수단

by의 '수단'의 의미는 ❸ 행위자로부터 '~로'가 된 것이다.

I went there by car.
나는 차로 거기에 갔다.

마찬가지로 by(수단)는 by train(열차로), by e-mail(이메일로), by phone(전화로) 등으로 쓰인다.

마지막으로 by의 또 다른 활용 두 가지를 살펴보자.

❺ 단위·정도·차이

I am hired by the hour.

나는 시간제로 고용되었다.

여기에서 by는 '단위'를 나타내므로 by the hour는 '1시간 단위로'에서 '시간제로'라는 의미가 된다.

❻ 기한

Can you finish it by 11 o'clock?

11시까지 끝낼 수 있어?

by(~의 근처에)는 '얼마든지 가까워져도 OK(하지만 그것을 넘어서는 안 돼)'로부터 '~까지는'이 되었다. 예문은 '11시에 얼마든지 가까워져도 OK'에서 '11시까지'의 의미이다. 또한 시간을 나타내는 by와 until의 차이는 p.132에서 소개한다.

그림으로서의 이미지

by는 '근접(~의 근처에)'의 이미지

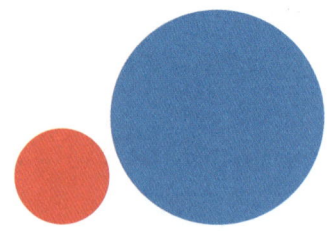

by를 사용해 보자

[근접]

I go by that coffee shop every morning on my way to work.

나는 매일 아침 출근길에 그 커피숍을 지나간다.

* by는 '~근처(옆)를 지나'에서 '~을 지나'의 의미가 된다.

[수단]

I reserved the tickets by phone.

나는 전화로 표를 예매했다.

* by phone(전화로)은 '수단'을 나타낸다.

[단위·정도·차이]

I am older than you by 8 years.

나는 너보다 8살 만큼 많다.

* by 8 years(8살 만큼)에서 by는 '차이(~만큼)'를 나타낸다.

[기한]

I have to finish the report by next Monday.

나는 보고서를 다음 주 월요일까지 끝내야 한다.

* by next Monday는 '다음 주 월요일까지'라는 '기한'을 나타낸다.

for

방향성

for는 '~를 위하여'라는 의미가 유명하지만, 기본 이미지는 **'방향성(~을 향해)'**이다. 열차에서 보게 되는 **for Seoul**(서울행)은 '방향성'을 나타내는 대표 격이다.

for
사립 탐정 제임스 군. 냄새를 맡아 모든 것을 순식간에 찾아낸다(본인 왈). 돋보기를 한손에 들고, 오늘도 분실물 수사에 착수!

대략적인 방향성을 나타내는 for

for를 보면, 먼저 '방향성(~을 향해)'을 생각해야 한다. ① 방향성·찬성 ② 목적 ③ 교환 ④ 이유 ⑤ 범위 등의 의미가 있는데, 차례로 살펴보자.

❶ 방향성·찬성

for의 '방향성(~을 향해)'부터 확인해 보자.

Is this the train for Seoul?
이것은 서울행 열차입니까?

예문의 for Seoul은 열차 표시로도 익숙하다. 이 for에서 기억해둘 것은 방향성의 for가 반드시 목표에 도달한다고 할 수는 없다는 것이다. 대충 '그쪽으로 향하는' 이미지이다. 반대로, 반드시 목표에 도착하는 것은 to이다 (for, to, at의 차이에 대해서는 p.60 확인).

그런데 for는 '마음'이 뭔가를 향하는 일도 나타내는데, '마음이 ~을 향하는'에서 '~에 찬성하는'이라는 의미가 생겨났다.

I'm all for it!
나는 그것에 대찬성이야!

예문의 for는 '찬성'을 나타내며, all은 for를 강조하고 있으므로 all for는 '대찬성'이 된다(단순히 '찬성'이라고 하는 경우에는 I'm for it).

❷ 목적

마음이 뭔가를 향한다는 것은 당신이 그것을 원한다는 것이다. 여기에서 '~을 위해서'라는 의미가 생겨났다.

I'm looking for my purse.
나는 내 지갑을 찾고 있는 중이다.

look for ~(~을 찾다)는 숙어로 '~을 위해서(for) 보다(look)'가 된다.

❸ 교환

여기부턴 for의 응용이다. for에는 '~과의 교환으로'라는 의미도 있다.

I paid ten dollars for the pen.
나는 이 펜에 10달러를 지불했다.

'펜과의 교환에 10달러를 지불했다'는 의미로, '펜을 위해 10달러를 지불했다'고도 해석할 수 있다. 이런 식으로 '~를 위해서'라는 의미와 '~과의 교환으로'라는 의미가 연결된다.

❹ 이유

for는 '이유'도 나타낸다.

Thank you for coming!
와주셔서 감사합니다!

Thank you for ~는 'for 이하의 것을 이유로 당신에게 감사하다'라는 의미이다.

❺ 범위

for는 '시간의 범위(~ 동안)'를 나타내는 경우에도 사용한다.

I've been reading the novel for two hours.
나는 2시간 동안 그 소설을 읽고 있는 중이다.

for two hours(2시간 동안)로 종종 사용되는데, '2시간을 향해'로부터 '2시간 동안'이 된 셈이다.

그림으로서의 이미지
for는 뭔가를 향해 가는 이미지

for를 사용해 보자

[방향성·찬성]
Are you for or against the proposal?

그 제안에 찬성하세요 아니면 반대하세요?

* for는 '마음이 ~를 향하는'에서 '~에 찬성하는', against는 for의 반대로 '~에 반대하여'가 된다.

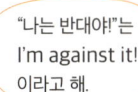
"나는 반대야!"는 I'm against it! 이라고 해.

[목적]
She is waiting for John.

그녀는 John을 기다리는 중이다.

* wait for ~(~을 기다리다)는 숙어로 '~을 위해서(for) 기다리다(wait)'의 이미지이다.

[교환]
I bought my book for 20 dollars.

나는 책을 20달러를 주고 샀다.

* for는 '교환'을 의미하는 것으로 책을 '20달러를 주고' 구입한 것을 나타낸다.

[이유]
Sokcho is a city known for its beauty.

속초는 아름답기로 유명한 도시다.

* be known for ~(~로 알려져 있다)에서 for 이하는 '이유'를 나타낸다.

from

출발점

from의 기본 이미지는 '출발점'. 여기에서 '원료', '원인', '분리', '구별'이라는 의미까지 확장되었다. from은 '방향·도달'을 나타내는 to(p.60)의 짝이기도 하다.

from
가나 태생인 카카오 군. 인기 아이돌 판초코 군의 조상은 자기라는 것이 자랑스럽다. 언젠가 명품 초코로서의 데뷔를 꿈꾸고 있다.

출발점을 나타내는 from

from은 '출발점'의 이미지라는 것을 확실히 알면, 그 외의 의미도 이해하기 쉬워진다. 차례대로 살펴보자.

❶ 출발점

from의 본래 의미는 '출발점(~로부터)'으로, 정확히 말하면 '출발 지점'을 나타낸다.

We started from Busan.
우리는 부산에서 출발했다.

예문의 출발점은 부산이다. 이후 부산을 떠난다고 생각하면 ❹ 분리의 의미도 이해할 수 있다. 덧붙여서, from(출발점)의 반대는 '~까지(방향·도달)'를 나타내는 to이다(p.60).

❷ 원료

'원료'란 어떤 것의 '출발점'이라고 생각할 수 있다. 예를 들어, be made from ~(~로 만들어지다)이라는 숙어에서 from 이하에는 원료(눈으로 봐서는 원래의 물질을 모르는 것)가 온다. 이런 화학적인 변화로 인해 초콜릿만 봐서는 원료인 카카오를 인식하기는 어렵다.

Chocolate is made from cacao.
초콜릿은 카카오로 만들어진다.

참고로 be made from ~과 닮은 숙어로 be made of ~가 있다. be made of ~(~로 만들어지다)에서 of 다음에 나오는 것은 물리적인 변화만 거쳐 눈으로 봐서 알 수 있는 '재료'이다(p.48).

❸ 원인

'행동의 출발점'이라고 생각하면, from은 '원인(~으로 인하여)'의 의미가 있다는 것도 이해할 수 있다.

The grasshopper died from hunger.
베짱이는 굶어 죽었다.

예문은 '굶주림을 출발점으로(굶주림으로 인하여) 점점 체력이 없어져 그 결과 죽어 버렸다'라는 이미지이다. 우화 '개미와 베짱이(The Ant and the Grasshopper)'를 떠올리면서 읽어 보자.

❹ 분리

'출발점에서 시작하다'는 말은, 출발 지점에서 분리된다는 것이다. 거기에서 from의 '분리(~에서 분리된)'라는 의미를 유추할 수 있다.

Illness prevented him from going to school.
병 때문에 그는 학교에 가지 못했다(병은 그가 학교에 가는 것을 막았다).

예문에서 「주어 prevent 사람 from -ing」은 '(주어)는 (사람)이 ~하는 것을 방해하다'라는 숙어로, '(사람)이 -ing의 동작으로부터 분리되다'라는 이미지에서 from이 사용된 것이다. 즉, 병이 그가 학교 가는 동작으로부터 분리시킨 것으로 이해할 수 있다.

❺ 구별

'머리로 사물을 분리할 수 있다(구별할 수 있다)'는 것으로부터 from은 '구별(~와, ~과 달리)'의 의미가 생겨났다.

Mike is different from his brother in every way.
Mike는 그의 형과 모든 면에서 다르다.

예문의 「A is different from B in ~(A와 B는 ~에 있어서 다르다)」에서 from은 '구별(~와, ~과 달리)'을 나타내기 때문에 different(다른)와 잘 어울린다.

그림으로서의 이미지
from은 '출발 지점', '기점'의 이미지

from을 사용해 보자

[원료]

What is this made from?

이것은 무엇으로 만들어졌습니까?

* be made from ~(~로 만들어지다)에서 from 이하는 '원료'이다. 이 예문은 종종 레스토랑에서 음식을 가리키면서 사용할 수 있다.

[원인]

He was tired from working too much.

그는 과로로 인하여 피곤했다.

* '과로를 출발점으로'부터 '과로로 인하여[때문에]'라는 이미지가 되었다.

[분리]

He must refrain from smoking.

그는 담배를 삼가야 한다.

* refrain from ~(~을 삼가다)의 숙어에서 '담배를 삼가다'라는 것은 흡연에서 '분리'하는 것이기 때문에 refrain(삼가다)과 from(분리)은 잘 어울린다.

[구별]

He can't tell right from wrong.

그는 옳고 그른 것을 구별할 수 없다.

* tell A from B(A와 B를 구별하다)의 숙어는 'A와 B를 구별하여(from) 전하다(tell)'의 직역에서 'A와 B를 구별하다'는 의미가 되었다.

in

포위

in의 기본 이미지는 '포위'. 여기에서 '형식', '상태', '시간의 범위·경과'로 확장되었다. 덧붙이면, '시간의 범위·경과'에서의 in은 회화에서도 자주 사용된다.

in

어떤 것에든지 둘려 있거나 싸여 있는 것을 좋아하는 부자 캐시. 어렸을 때부터 많은 사람들에게 둘러싸여 지냈다. 오늘도 모피를 걸치고 우아하게 외출한다.

뭔가에 싸여 있는 이미지의 in

in의 핵심 이미지는 ① 포위. 여기에서 파생된 것이 ② 형식 ③ 상태 ④ 시간의 범위·경과 등이다.

❶ 포위

in의 '포위(~ 안에)'는 뭔가를 몸에 착용하고 있는 상태를 나타낸다.

The woman in the fur coat is Catherine.
모피 코트를 입은 여성은 Catherine이다.

예문은 Catherine이 큰 코트에 푹 싸여 있는 이미지이다. '옷에 싸여'로부터 '옷을 입은'이라는 의미가 된다. 이것으로 in은 장소가 아닌 '포위'를 나타내는 것을 알 수 있다.

in이 '포위'라는 것을 이해하는 데 있어 쉬운 예문 하나를 더 보자.

The sun rises in the east and sets in the west.
태양은 동쪽에서 떠서 서쪽으로 진다.

'동쪽에서 떠오르다'라고 하면 무심코 from을 사용할 것 같지만, 영어에서는 in을 이용해 in the east라고 표현한다. 영어권에서는 방향을 '큰 공간'으로 보기 때문에 동서남북으로 큰 상자가 있고, 태양은 그 상자 '안에서' 떠오르거나 가라앉는 이미지이다. 이것을 이해하면, '동쪽에서 떠오르다'를 나타낼 때 in이 사용되는 것을 더 잘 이해할 수 있다.

❷ 형식

in은 '포위(~ 안에)'에서 파생되어 '형식(~로)'도 나타낸다.

Please speak in English.
영어로 말씀해 주세요.

이 예문에서는 in English를 '영어라는 형식으로'에서 '영어로'로 해석할 수 있다. 이 '형식'의 in은 여러 가지 표현으로 쓰이므로 외워두면 도움이 된다. 예를 들어, in a group은 '집단으로', in cash는 '현금으로', in a loud voice는 '큰소리로' 등이 있다.

in a group(집단으로)   in cash(현금으로)   in a loud voice(큰소리로)

❸ 상태

'(분위기 속에) 싸여'로부터 '빠져 있는'이라는 '상태'를 나타내는 의미가 생겨났다.

He is in love with her.
그는 그녀와 사랑에 빠져 있다.

in love with ~(~와 사랑에 빠진)는 '연애하는 분위기에 마음이 푹 빠져'로부터 '사랑에 빠진'이 되었다. 덧붙여서, 짝사랑인지 서로 좋아하는 관계인지는 문맥에 따라 달라진다.

❹ 시간의 범위·경과

'포위'는 in the morning(오전에)과 같이 '시간의 범위(~에)'에서도 나타난다. 이것은 '오전(morning)의 범위 내에서'라는 것이다.

해석상 어려운 것은 in an hour 등에서 in이 '경과(~하면·~후에)'의 의미를 가질 때이다.

I'll be back in an hour.
나는 1시간 후에 돌아올 거야.

예문은 '돌아오는 행위는 1시간 범위 내에서 이루어져 완성된다(끝난다)'라는 의미이다. 즉, 돌아오는 것은 '1시간 후'라는 것이다.

그림으로서의 이미지
in은 뭔가에 싸여 있는 이미지

in을 사용해 보자

[포위]
The boy sat in the chair.
소년은 의자에 앉았다.

* in the chair는 팔걸이의자나 소파에 푹 싸여 있는 이미지이다. 덧붙여서, on the chair는 단순히 의자에 앉아 있는 상태를 나타낸다.

[형식]
Please pay in cash.
현금으로 지불하십시오.

* '현금이라는 형식으로'에서 '현금으로'로 해외여행의 쇼핑 등에서 자주 들을 수 있는 표현이다.

[상태]
She was in trouble.
그녀는 곤경에 빠져 있었다.

* in trouble(곤경에 빠져서)은 '곤란스러운 상황(trouble)에 빠져 있는(in)' 상태의 이미지이다.

[시간의 범위·경과]
She will be here in no time.
그녀는 곧 여기에 올 것이다.

* in no time(당장, 곧)의 숙어에서 in은 '경과(~후에)'를 나타내고, '시간이 전혀 경과하지 않은 후에'라는 직역에서 '당장' 혹은 '곧'이 되었다.

of

분리

of는 '소유(~의)'라고 배운 사람이 많지만, 원래 의미는 '분리'이다. 이것을 기억해 두면 of의 새로운 의미가 보이는데, 이 기회에 '분리'라는 의미를 확실히 기억해 두자.

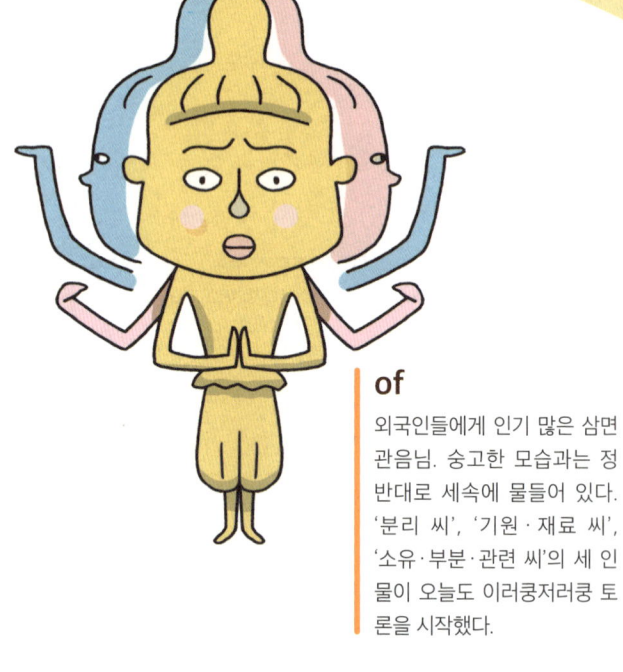

of

외국인들에게 인기 많은 삼면 관음님. 숭고한 모습과는 정반대로 세속에 물들어 있다. '분리 씨', '기원·재료 씨', '소유·부분·관련 씨'의 세 인물이 오늘도 이러쿵저러쿵 토론을 시작했다.

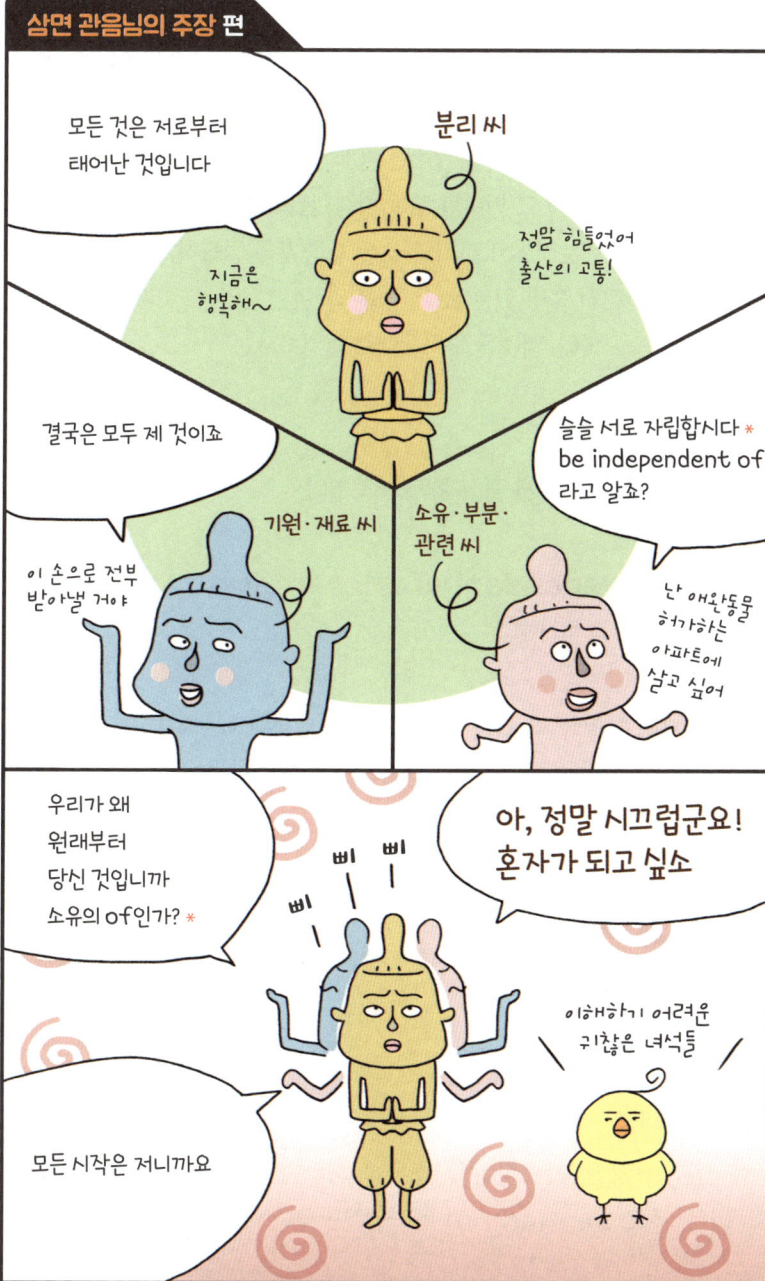

분리에서 소유까지 세 개의 얼굴을 가진 of

'소유(~의)'의 의미로 유명한 of는 본래 '분리'의 의미였는데, '분리'에서 '소유'가 되는 과정에서 그 의미가 더욱 확장되었다. of를 이해하기 위해서는 a) 완전히 떨어진 '분리', b) 분리와 소유의 중간에 절묘하게 붙어 있는 '기원·재료', c) 완전히 붙어 있는 '소유·부분'과 '관련'이라는 세 가지 의미를 이해하는 것이 중요하다. 이것들을 차례대로 살펴보자.

❶ 분리

of는 원래 '분리(~에서 떨어져)'의 의미였다.

He is independent of his parents.
그는 부모로부터 독립했다.

be independent of ~(~로부터 독립하다)에서 independent는 '자립적인', '독립된'의 의미로 '무엇으로부터 멀어진' 것이기 때문에 분리의 of와 맞아 떨어진다.

상투적인 문구 등에서 '왜 of를 사용하는 것일까?'라고 생각했을 때, '분리'의 의미를 떠올리면 이해하기 쉬워.

❷ 기원·재료

두 번째 of의 의미는 '분리'와 '소유'의 중간인 '기원·재료(~을 재료로 해서)'이다. 주로 be made of ~(~로 만들어지다)의 형태로 사용되며,

of 이하에는 재료가 온다. of는 원래의 재료와 '연결되어 있는' 이미지이다.

My new jacket is made of leather.
내 새 재킷은 가죽으로 만들어졌다.

비슷한 숙어로 be made from ~(~로 만들어지다)이 있지만(p.36), from의 뒤에 오는 것은 of와 달리 눈으로 봐도 원래의 물질을 알 수 없는 (화학적인 변화) '원료'가 온다.

Chocolate is made from cacao.
초콜릿은 카카오로 만들어진다.

from도 '분리'의 의미가 있어서 '원래의 물질로부터 분리된'의 이미지이다.

❸ 소유·부분

원래의 '분리'로부터 수백 년의 시간을 거쳐 마침내 '소유(~의)'의 의미가 되었다. 학교에서 배우는 것은 이 '소유의 of'가 대부분이다.

The streets of Rome are beautiful.
로마의 거리는 아름답다.

'소유의 of'는 본래 '분리'의 의미와는 정반대이다. 알다시피, A of B는 'B가 소유한 A', 'B 안의 A'라는 뜻이다.

❹ 관련

'~을 머릿속에 소유하고 있다'로부터 '~에 대해(생각하고 이야기하다)'라는 의미도 생겨났다.

He is speaking of Singapore.
그는 싱가포르에 대해 말하는 중이다.

speak of ~(~에 대해 말하다)라는 표현에서 of는 '관련'을 나타낸다. 같은 표현으로 think of ~(~에 대해 생각하다)나 complain of ~(~에 대해 불만을 호소하다) 등이 있으며, 모두 '관련의 of'를 사용하고 있다. 덧붙여서, 이 표현들의 of는 speak about과 같이 about으로 바꿔 쓸 수 있다. 그 외에도 be afraid of ~(~을 무서워하다), be aware of ~(~을 알다), be sure of ~(~을 확신하다) 등 많은 숙어에 '관련의 of'가 사용된다.

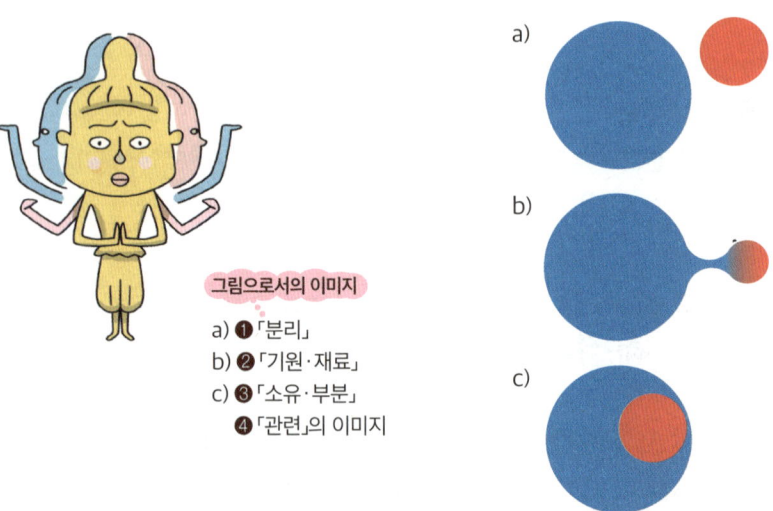

그림으로서의 이미지
a) ❶ 「분리」
b) ❷ 「기원·재료」
c) ❸ 「소유·부분」
❹ 「관련」의 이미지

of를 사용해 보자

[분리]

He is free of debt.

그는 빚에서 자유롭다(그는 빚이 없다).

* be free of ~(~에서 자유롭다)에서 free는 '~이 없는(자유로운→구속이 없는)'의 의미이다. 그래서 'free(~이 없는)'와 '분리의 of'가 잘 어울린다.

[기원·재료]

What is this cloth made of?

이 천은 무엇으로 만들어졌습니까?

It's made of nylon.

그것은 나일론으로 만들어졌습니다.

* be made of ~(~로 만들어지다)에서 of 이하에는 눈으로 보고 알 수 있는(물리적인 변화) '재료'가 온다.

[관련]

I was thinking of the girl.

나는 그 소녀에 대해 생각하고 있었다.

* think of ~(~에 대해 생각하다)에서 of는 about으로 바꿔 써도 OK.

on

접촉

on의 이미지는 '접촉'. 접촉면은 '위'에 한정되지 않고, 옆이나 아래에 붙어도 OK. 이 이미지를 잘 기억해 두면 '진행 중' 등 그 외의 의미도 쉽게 이해할 수 있다.

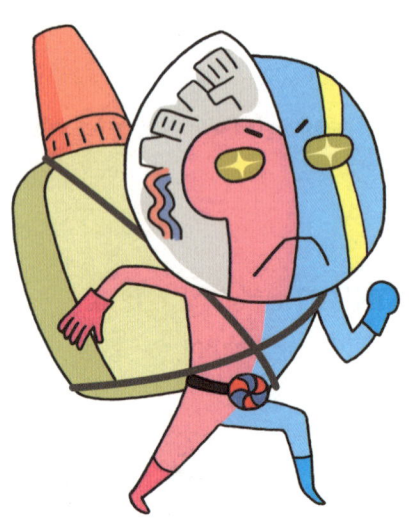

on
어느 곳에도 딱 붙을 수 있는 인조인간 ON. 애칭, 찰싹 군. 등에 짊어진 비밀 병기를 사용하여 오늘도 천장과 벽 등 여기저기에 찰싹!

뭔가에 딱 달라붙어 있는 on

on의 핵심 이미지는 ① 접촉이다. 무심결에 '~ 위에'로 해석하지만, 실제로는 위뿐 아니라 옆, 아래에 붙어 있어도 on이 사용된다. 이 이미지를 확실히 알면, 파생된 ② 진행 중 ③ 관계 ④ 의존 ⑤ 영향 등의 의미도 쉽게 이해할 수 있다.

❶ 접촉

on의 핵심은 '접촉(~에)'이다. 중력으로 인해 '위'에 접촉하는 경우가 많을 뿐, 어디에든 붙어 있으면 on이 사용된다.

There is a picture on the wall.
벽에 그림이 걸려 있다.

그림이 벽 위에 있는 것은 아니지만, 그림과 벽이 접촉하고 있기 때문에 on으로 나타낼 수 있다.

❷ 진행 중

'진행 중'을 나타내는 on은 상점이 있는 거리에서 'on sale'이라는 표시로 많이 봤을 것이다.

The book is now on sale.
그 책은 지금 판매 중이다.

'동작에 접촉하고 있는'으로부터 '진행 중'이라는 의미가 되었다. 예문의 on sale(판매 중)은 '판매라는 동작에 접촉하고 있는'으로부터 '판매 중'이 된다. 마찬가지로 텔레비전에서 자주 보이는 on air(방송 중)라는 표현은 '공중에 전파를 띄우는 작업에 접촉하고 있는'으로부터 '방송 중'이라고 생각하면 쉽게 이해할 수 있다.

❸ 관계

'관계'에 대해서도 on이 쓰이는데, '관계가 있는'으로부터 '~에 관한'이라는 의미가 생겨났다.

I bought a book on cats.
나는 고양이에 관한 책을 샀다.

'고양이에 관한 책'이라고 들으면, a book about cats를 떠올리는 사람도 있을 것이다. about도 '~에 대해서'의 의미를 갖지만 '일반적인 내용'인 경우에 사용하고, on은 '전문적인 내용'인 경우에 사용한다. 즉, about은 '주변'이라는 막연한 이미지(p.72)에서 내용이 일반적인 경우에 사용하고, on은 '접촉'이라는 이미지에서 그 내용을 깊이 다룰 때 사용한다. 위의 예문으로 말하면, a book on cats는 고양이에 관한 전문 서적(특히, 학문적인 내용)을 가리키고, a book about cats라고 하면 고양이에 대해 가볍게 취급한 에세이와 같은 책을 가리킨다.

❹ 의존

'마음의 접촉'으로부터 '의존(~에 의존하여)'의 의미도 나타낸다. 단순히 접촉하고 있다기보다 마음으로 의지하고 있는 이미지이다. '의존적인'의 의미를 가진 on은 다양한 숙어로 사용되며, 다음 페이지의 depend on A for B (A에게 B를 의존하다)가 대표적인 예이다.

Korea depends on foreign countries for oil.
　　　　　　　　　　A　　　　　　　　B

한국은 외국에 석유를 의존하고 있다.

❺ 영향

마지막으로 '영향'의 의미를 알아보자.

Such magazines have a great influence on
　　A
children.
　B

그러한 잡지는 아이들에게 큰 영향을 미친다.

예문은 A가 단지 B에 접촉하는 것뿐만 아니라 강한 영향을 주는 이미지이다. 이 '영향의 on(~에)'은 여러 가지 숙어로 사용되는데, 예문의 have an influence on ~(~에 영향을 미치다)이 가장 대표적이다. 즉, influence가 children에 강한 힘을 가하여 영향을 주는 이미지이다.

그림으로서의 이미지
on은 뭔가에 딱 달라붙어 있는 이미지

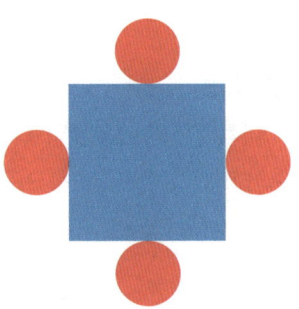

on을 사용해 보자

[접촉]
There is a spider on the ceiling.

천장에 거미가 있다.

* 거미가 천장에 딱 달라붙어 있기 때문에 on을 이용해 spider on the ceiling이라고 나타낸다.

[진행 중]
I'm on a diet.

나는 다이어트 중이다.

* on a diet(다이어트 중)라는 숙어로 '다이어트에 접촉하고 있는'의 의미에서 '다이어트 중'이라는 이미지가 되었다.

[의존]
This ice cream is on me.

이 아이스크림은 내가 살게.

* 직역인 '이 아이스크림은 나에게 의존하고 있다.'에서 '이 아이스크림은 내가 살게.'가 되는데, 여기서 on은 '의존'을 나타낸다.

[영향]
I wasn't able to concentrate on my work.

나는 일에 집중할 수가 없었다.

* concentrate on ~(~에 집중하다)의 숙어에서 on은 '영향의 on'으로, on 이하에 강하게 힘을 가하는 이미지이다.

to

방향·도달

to의 이미지는 '방향·도달'로 오른쪽 화살표(→)로 바꿔 놓으면 알기 쉽다. 또 '방향·도달'로부터 파생해 '결과'나 '일치', '대비·대립'이라고 하는 의미가 생겨났다.

to
배달을 생업으로 하는 곰팔. 맡은 편지나 짐은 반드시 목적지까지 배달해 주는 성실한 남자. 인정이 많아서 눈물도 잘 흘리고, 오지랖이 넓은 전형적인 동경 토박이!

방향·도달을 나타내는 to

전치사의 대표 격인 to는 어떤 방향으로 향하는 ① 방향·도달이 핵심 이미지이다. 거기에서 파생해 ② 결과 ③ 일치 ④ 대비·대립 등의 의미가 생겨났다. ①과 ②는 to를 오른쪽 화살표(→)로 생각하면 훨씬 쉽게 이해할 수 있다. 한편, ③ 일치 ④ 대비·대립 등은 '방향·도달'의 이미지에서 더 확장된 의미가 되지만, 핵심 이미지를 알고 있으면 어렵지 않다.

❶ 방향·도달

to의 핵심은 '방향(~로)·도달(~까지)'이며 정확히 from의 '출발점'(p.34)과 짝을 이루는 이미지이다.

I walk to the station every day.
나는 매일 역까지 걸어간다.

이때 핵심이 되는 to는 어떤 방향으로 향했을 뿐만 아니라 '제대로 끝까지 도달하다'라는 것이다. 그래서 예문은 '역을 향해 가서 마침내 역에 도착한다'는 뜻이 된다. 같은 방향성을 나타내는 전치사 at이나 for와는 이 점이 다르다.

도달하는 to

한 점을 노리는 at

방향성을 나타내는 for

즉, at이나 for는 '그쪽을 향해'일뿐 도달한다고는 할 수 없다(p.16, p.28).

❷ 결과

to는 오른쪽 화살표(→)의 이미지로부터 도달점을 강조하며, 나아가 '결과(결국 ~하다)'를 나타내는 경우도 있다.

When I saw the film, I was moved to tears.
그 영화를 보고, 나는 감동해서 결국 눈물을 흘렸다.

move는 '(마음을) 움직이다'의 의미에서 '감동시키다'라는 의미가 되었다. 예문의 to를 '→'로 바꾸면 의미를 더 쉽게 이해할 수 있다.

When I saw the film, I was moved to tears.
         감동했다 → 눈물 흘리다

❸ 일치

to는 본래 오른쪽 화살표(→)의 이미지이지만, 화살표가 향한 끝에 '붙다'의 의미만 강조되기도 한다.

I belong to the tennis club.
나는 테니스 동아리에 속해 있다.

belong to ~(~에 속하다)에서 to는 화살표가 아니라 '붙다'라는 이미지로 보면 이해하기 쉽다.

❹ 대비·대립

'방향·도달'의 이미지가 발전하면서 '대비(~에 비하여, ~보다)'나 '대립(~에 대하여)'의 의미가 생겨났다. 이것은 뭔가가 대상물에 '도달'해서 그것이 되돌아오는(대치하는) 이미지이다.

We sat face to face.
우리는 마주보고 앉았다.

face to face에서 '얼굴에 대하여 얼굴'의 의미에서 '얼굴을 마주 보고'가 된다. 덧붙여서, 그 반대는 back to back으로 '등에 대하여 등'의 의미에서 '등을 맞대고'라는 의미가 된다.

> 그림으로서의 이미지

to는 '~을 향하여'라는 방향·도달의 이미지

to를 사용해 보자

[방향·도달]

It is five minutes to six now.

지금은 5시 55분(6시 5분 전)이다.

* 예문을 5:55 혹은 6:05로 봐야하는지 망설이는 사람이 많다. 그럴 때는 '6시를 향하여(to) 5분(five minutes)이 남았다.'로 직역하면 알기 쉽다.

> to를 '→'로 바꾸면, '6시를 향하여'라는 것을 쉽게 알 수 있어!

[결과]

To my regret, she refused my proposal.

유감스럽게도, 그녀는 내 제안을 거절했다.

* 원래는 She refused my proposal to my regret.(그녀가 내 제안을 거절해서 유감이었다)였지만, 예문처럼 to my regret가 앞에 나올 수도 있다.

[일치]

The car belongs to him.

그 차는 그의 것이다.

* belong to ~(~의 것이다)는 '(물건)이 (사람)의 소유이다'라는 의미로 자주 쓰인다.

with

부대

with의 이미지는 '부대'이다. 일반적으로는 '부대·휴대·도구'나 '양태', '부대 상황' 등을 나타내며, 그 외에 '상대·관련'의 의미도 있다.

with

잘나가는 가방인 Ms. 백. 잘 팔리는 이유는 어디까지나 자신 때문일 뿐, 참(charm)은 조연이라고 생각한다. 그러나 요즘은 가방×참 스타일이 유행이기 때문에 그 역학 관계는 미묘하다.

원래는 '상대'의 뜻이었던 with

with의 핵심 이미지는 '부대'이다. 여기에서 파생된 ① 부대·휴대·도구 ② 양태 ③ 부대 상황 등을 살펴보자.

❶ 부대·휴대·도구

with의 대표 의미를 가진 tea with lemon(레몬차)은 '부대·휴대(~와 함께, ~을 가지고)'로 A with B라는 이미지를 가진다.

I'd like tea with lemon.
나는 레몬(이 든) 차를 마시고 싶다.

이때 유의해야 할 것은, A with B의 A와 B는 동등한 관계가 아닌 A가 주역이고 B는 조연이라는 것이다. 즉, 예문의 tea with lemon에서 tea(홍차)가 주역이며, with 뒤의 lemon(레몬)은 조연이다. tea with lemon이라는 표현도 '주역→조연'의 순서로 되어 있다.

또 '~와 함께, ~을 가지고'로부터 '~를 사용하여'라는 '도구'의 의미가 생겨났다. 예를 들어, write with a pen(펜으로 쓰다)과 같이 사용되는데, 이것은 '펜을 손에 들고'에서 '펜을 사용하여'의 의미가 되었다.

with(~로)는 '도구'를 나타내는 한편, by(~로)는 '수단'을 나타내. 예를 들어, by car(차로)는 교통수단을 나타내는 거지(p.25).

❷ 양태

with는 뒤에 '조심, 주의(care)'나 '용이함(ease)' 등의 명사를 취해 '양태'도 나타낸다.

Treat this with care.
조심해서 다뤄주세요.

예문의 with care는 '조심성을 가지고'의 의미에서 '조심해서'가 되었다. '양태'를 나타내는 또 다른 예로, with ease(쉽게), with difficulty(어렵게), with kindness(친절하게) 등이 있다.

❸ 부대 상황

with A B(A가 B인 채로) 형태로 자주 사용되며, 이는 '부대 상황의 with'라고 불리는 것으로 with 뒤에 두 개의 요소가 오는 것이 특징이다(보통, 전치사 뒤에는 한 개의 요소밖에 오지 않는다).

Don't speak with your mouth full.
입에 음식이 가득한 채로 말하지 마라.

예문에서는 with your mouth full이 with A B의 형태로 '입이(your mouth) 가득한(full) 채로'의 의미를 나타낸다. 그 외에, with one's eyes closed(눈을 감은 채)나 with one's arms folded(팔짱을 낀 채) 등도 같은 형태를 취한다. 참고로 눈을 감거나 팔짱을 끼는 동작은 완료의 상태를 나타내어 closed, folded 등의 수동형을 쓴다.

여기까지는 '부대'라는 핵심 이미지에서 파생된 의미였지만, 마지막은 그다지 친숙하지 않은 '상대·관련'의 의미에 대한 것이다.

❹ 상대·관련

사실 with는 원래 '상대(~를 상대로)'라는 의미로 A with B는 A vs. B 라는 라이벌 관계의 이미지였다. 시간이 지남에 따라 'A와 B는 언제나 한 세트'에서 '함께'가 되어 현재에 이르렀다. 이 '상대'의 의미를 이해하면 with에 대한 이해가 단번에 높아진다.

She is angry with him.
그녀는 그에게 화가 났다.

직역인 '그를 상대로 화가 났다'의 의미에서 '그에게 화가 났다'가 된다. 즉, 그녀(She)의 분노는 일방적인 것으로 그(him)가 특별히 화가 난 것은 아니다. 그러나 많은 사람들은 그녀가 그와 함께 화를 내고 있다고 해석해 버린다. 문맥에 따라서는 그렇게 될 가능성도 있지만, 그런 경우는 매우 희박하다. 또 그와 같이 해석한 경우는 무엇에 대해서 화내고 있는지 알 수 없게 된다. 이것을 기회로 with의 '상대·관련'의 의미도 기억해 두자.

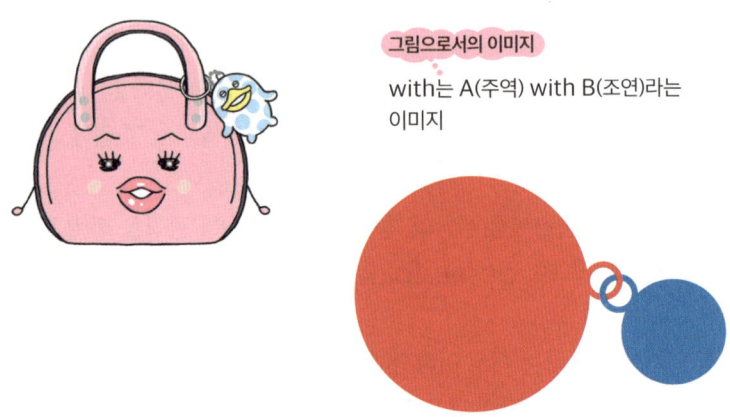

그림으로서의 이미지

with는 A(주역) with B(조연)라는 이미지

with를 사용해 보자

[부대·휴대·도구]
She cut the meat with a knife.
그녀는 칼로 고기를 잘랐다.

* with는 '도구(~로)'의 의미로 '칼을 가지고'에서 '칼로'가 되었다.

[양태]
He got it with ease.
그는 그것을 쉽게 얻었다.

* with ease는 '용이함을 가지고'에서 '쉽게'가 되었다.

[부대 상황]
He stood there with his eyes closed.
그는 눈을 감은 채 거기에 서 있었다.

* '부대 상황'의 with 뒤에는 두 개의 요소(his eyes와 closed)가 오고 with one's eyes closed는 '눈을 감은 채'라는 표현이 된다.

[상대·관련]
What's the matter with you?
너에게 무슨 일 있니?

* with는 '관련'을 나타내어 '너와 관련하여 무슨 일 있니?'라고 하는 이미지이다. 일상 회화에서 종종 사용되므로 기억해 두면 유용하다.

① 흔히 볼 수 있는 기본 전치사

Part 2 다양한 의미를 가진 전치사

전치사 중에는 기본 의미 외에 여러 다른 의미로 사용되는 전치사들이 종종 있어. 이 파트에서는 그런 전치사들을 소개할 거야.

after는 카멜레온, around는 새, under는 갓파. 그렇다면, 그 의미는?

about p.72

주변

after p.76

추종

against p.80

반대

around p.84

원을 따라 돌다

before p.88

앞

off p.92

분리

since p.96

기점

under p.100

(위에서 덮여)
아래에 있다

about

주변

about은 '약~'의 의미로 친숙하지만, 기본 이미지는 '주변'이다. 어떤 '주변'을 아른아른 덮는 이미지를 떠올려 봐라. '약~'이나 '~에 대해서'의 의미도 여기서 파생되었다.

about
"대충~"으로 시작하는 말버릇이 있는 영업 사원 아키라. 오늘도 가벼운 분위기로 영업에 힘쓴다. '~에 대해서'라고 보고서 작성하는 것이 그의 특기.

주변·주위를 뜻하는 about

about의 본래 의미는 '주변·주위'이다. '주변'이라는 의미로부터 '대충대충'을 나타내는 이미지가 되었다.

They gathered about the fireplace.
그들은 난로 주위에 모였다.

난로 주위에 모일 때, 예쁘게 둘러싸기보다는 신경 쓰지 않고 대충 자유롭게 좋아하는 장소에 앉는다. 그래서 대충의 이미지를 가진 about을 이용했고 about the fireplace가 딱 적절하다.

한편, about 대신 사용할 수 있는 around는 '주변'이라고 해도 '대충대충'이 아닌 예쁘게 원으로 둘러싸는 이미지이다. 예를 들어, around the table이라고 하면 '탁자 주위에(둘레에)'라는 의미가 된다(p.84).

about에는 '주변', '주위'로부터 파생된 '약~', '관련·관계'의 의미도 있다. 예를 들어, about 30은 '30 주위에'에서 '약 30'을 의미한다.

Tell me about yourself.
너에 대해서 이야기해 줘.

about yourself는 '너와 관련된 것(취미·가족 구성·혈액형 등)'으로부터 '너에 대해서'가 된다. 즉, about을 '주변'이라고 기억해 두면 '약~'이나 '관련·관계'의 의미도 쉽게 이해할 수 있다.

그림으로서의 이미지
반짝반짝 빛나는
분위기를 내뿜는 이미지

about을 사용해 보자

[주변·주위]

There is something mysterious about her.

그녀에게는 어딘가 수수께끼 같은 데가 있다.

* about을 '주변'이라고 기억하면 쉽게 이해할 수 있다. '그녀의 주위에 mysterious한 분위기가 돌고 있다'로부터 '수수께끼 같은 데가 있다'가 되었다.

[관련·관계]

Don't worry about the results of your test.

시험 결과에 대해서 걱정하지 마.

* about the results of your test(시험 결과에 대해서)는 관련의 about을 사용한 것으로 '시험 결과와 관련해서 걱정하지 마.'로부터 '시험 결과에 대해서 걱정하지 마.'가 되었다.

'대충'의 뜻을 가진 about과 worry(걱정하다)는 잘 어울려.

about도 꽤 심오한 전치사네.

after

추종

after의 이미지는 '추종'이다. '뒤에'와 함께 '뒤쫓다'라는 추종의 이미지를 가진다. 이 이미지를 기억하면 '뒤에'뿐만 아니라 '모방'의 의미도 이해할 수 있다.

after
늘 누군가를 따라다니는 카멜레온 카코. 단순히 따라다니는 것뿐만 아니라 자유자재로 모방할 수 있어서 상대방의 말을 흉내만 내는 앵무새보다 낫다고 자부한다.

추종의 이미지를 가진 after

after는 '뒤에'라는 의미로 친숙하지만, '추종', '뒤쫓다'라는 이미지를 뚜렷하게 가진다.

Repeat after me.
제 말을 따라 하세요.

영어 수업에서 거의 항상 듣는 이 문장은 정확히 '추종'의 의미이다. 즉, after me에는 '(교사인) 내 뒤에 (영어로 말해라)'라는 뉘앙스가 포함되어 있다.

또 하나의 의미인 '모방'은 '뒤쫓다'의 이미지에서 생겨났다.

This is a picture after the style of Vincent van Gogh.
이것은 (빈센트 반) 고흐 풍의 그림이다.

예문은 '이 그림은 고흐 스타일 이후의 그림이다'라고 해석하기 쉽다. 하지만 after의 '뒤쫓다'라는 이미지를 알고 있다면 더 정확하게 해석할 수 있다. 즉, after the style of Vincent van Gogh는 '고흐의 스타일을 따라'로부터 '고흐의 스타일을 본떠'가 되었고, 거기서 '고흐 풍의'의 의미가 되었다.

이것을 기회로 '뒤에'뿐만 아니라 '뒤쫓다'의 의미도 기억하자.

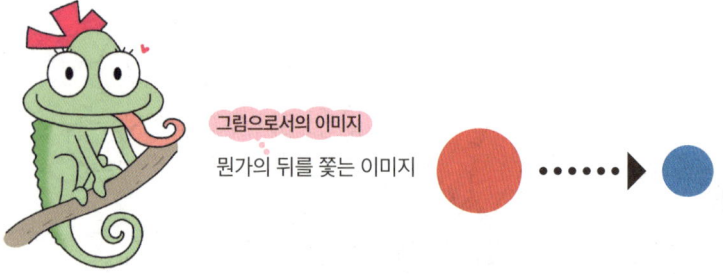

그림으로서의 이미지
뭔가의 뒤를 쫓는 이미지

after를 사용해 보자

[뒤]

I asked her to look after my children.

나는 그녀에게 우리 아이를 돌봐달라고 부탁했다.

* look after ~(~을 돌보다)는 '아이의 뒤(after)를 잘 보다(look)'의 직역에서 '~을 돌보다'는 의미가 되었다.

[모방]

I was named Mary after my mother.

나는 엄마의 이름을 따서 Mary라고 이름 지어졌다.

* name A after B(B의 이름을 따서 A의 이름을 짓다)는 '엄마의 이름을 본떠'로 부터 '엄마의 이름을 따서'가 되었다.

[모방]

Nancy takes after her mother in everything.

Nancy는 모든 것에서 그녀의 엄마를 닮았다.

* take after ~(~를 닮다)라는 숙어에서 take를 '(유전자를) 받다'로 해석하면 '~와 닮은(after) 유전자를 취하다(take)'로 부터 '~를 닮다'의 의미가 된 것을 쉽게 이해할 수 있다.

take after ~는 '유전자를 취하다'라는 것에서 비롯되어 혈연관계가 아니면 사용할 수 없어. 이에 반해 resemble (닮다)은 혈연관계가 아니어도 사용할 수 있지.

after

② 다양한 의미를 가진 전치사

against

반대

against의 핵심 이미지는 '반대'로 반항 정신으로 뭔가에 맞서는 이미지이다. 여기서 '방어·대조'나 '접촉'이라는 의미가 생겨났다.

against

권력에 굴하지 않고 신의를 향해 돌진하는 잔. 어릴 적부터 선생님, 부모님, 그리고 바람에 맞서 왔다. 아름답게 성장한 지금, 그녀가 향해 가는 것은······.

*p.82 참조

vs.로 나타낼 수 있는 against

against의 핵심 이미지는 '반대'이고, 기호로 표시하면 vs.이다.

I think that Spain will compete against Brazil in the World Cup final. * compete against 겨루다

나는 월드컵 결승전에서 스페인이 브라질과 겨룰 것 같다.

against Brazil은 확실히 '스페인 vs. 브라질'의 이미지이다.

게다가 '반대'의 이미지가 발전하여 '방어·대조'의 의미가 생겨났다.

The Earth looks beautiful against dark space.
깜깜한 우주를 배경으로 지구가 아름다워 보인다. * space 우주

'지구의 아름다움과 깜깜한 우주가 대조를 이루고 있다'라는 이미지로부터 against는 '~를 배경으로 하는'의 의미가 된다. against를 vs.로 바꿔서 '아름다운 지구 vs. 깜깜한 우주'라고 생각하면 쉽다.

또 하나 기억해 두어야 할 against의 의미는 '접촉'의 이미지로부터 '(~에) 닿는, 붙어서'의 의미이다.

She was leaning against the door.
그녀는 문에 기대고 있었다.

against 대신에 '접촉의 on'을 이용해 on the door로 해도 좋지만, against를 사용해서 문에 접촉하여 닿은 모습을 효과적으로 나타낼 수 있다.

그림으로서의 이미지
뭔가에 부딪혀서 튀어 되돌아오는 이미지

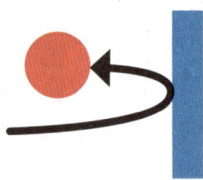

against를 사용해 보자

[반대]

I'm against your idea.

나는 당신의 생각에 반대한다.

* be against ~는 '~에 반대하다'라는 표현으로 against는 '반대'를 나타낸다.
  참고로 '나는 당신의 생각에 찬성한다'는 I'm for your idea.이다(p.30).

[방어·대조]

The coat protected her against the cold.

그 코트는 그녀를 추위로부터 보호해 주었다.

* 이 against는 '방어(~에 대비하여, ~에 대하여)'를 나타낸다.

[접촉]

The car scraped against a wall.

그 차는 벽에 쓸렸다.   * scrape 긁다, 스치다

* scrape against ~(~에 쓸리다)는 '차가 벽에 세게 닿다'라는 이미지로 against가 사용된다.

around

원을 따라 돌다

around는 '원(round)을 따라서 그 주위를 돌다'의 이미지를 가지고 있어서 '주위에'라는 의미를 가진다. 또한 around에는 '(숫자와 함께) 약~'의 의미도 있다.

around
하늘에서 거리를 순찰하는 Mr. 버드는 원을 따라 날아다니는 기묘한 버릇이 있다. 특기는 자신이 날았던 대략적인 거리를 아는 것.

원 주위를 도는 이미지의 around

일반적으로 '원을 따라서 그 주위를 돌다'라는 것을 나타내기 위해 아래 예문처럼 around를 사용한다.

The Earth goes around the sun.
지구는 태양 주위를 돈다.

지구(the Earth)가 태양(the sun) 주위를 돌고 있다는 것은 두루 알고 있는 사실이며, around는 확실히 그 움직임을 나타낸다.

그런데 원 주위를 도는 around이지만, 반드시 완전한 한 바퀴를 돌 필요는 없다. '2분의 1바퀴'나 '4분의 1바퀴'일 때도 쓸 수 있다.

The robber went around the corner.
강도는 모퉁이를 돌아갔다.

모퉁이를 돌면 대략 90도 정도이지만, 이때도 around를 사용한다.
더구나 '주위'의 이미지에서 나온 것이 '(숫자와 함께) 약~'의 의미이다. around fifty dollars는 '50달러의 주위'로부터 '약 50달러'가 된다. about(p.72)과 같은 이미지가 된다.

그림으로서의 이미지
원 주위를 도는 이미지

around를 사용해 보자

[한 바퀴]

I hope to travel around the world.

나는 세계 일주를 하고 싶다.

* '세계 주위를 한 바퀴 도는 것'으로부터 '세계 일주'를 의미하게 되었다.

[2분의 1바퀴, 4분의 1바퀴]

Christmas is just around the corner.

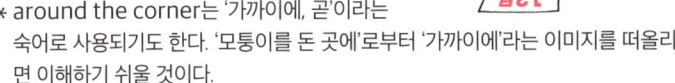

크리스마스가 바로 곧(코앞)이다.

* around the corner는 '가까이에, 곧'이라는 숙어로 사용되기도 한다. '모퉁이를 돈 곳에'로부터 '가까이에'라는 이미지를 떠올리면 이해하기 쉬울 것이다.

[(숫자와 함께) 약~]

He is around 40 years old.

그는 약 40세이다.

* '40세 주위'라는 의미에서 '약 40세'가 되었다.

[(숫자와 함께) ~쯤]

Shall we meet around 5:30?

우리 5시 30분쯤 만날까요?

* '5시 30분의 주위'로부터 '5시 30분쯤'이 되었다. 이 경우의 around는 about과 동등한 것으로 about 5:30라고 해도 OK.

before

앞

before의 이미지는 누구나 알고 있는 '앞'이다. 다만, '앞'의 의미만 알고 있으면, 특히 듣기에서 혼란스러울 수도 있다. '앞'과 '화살표(→)'라는 두 개의 큰 의미를 기억하자.

before

지휘봉을 든 리더 B. 언제나 앞을 향해 전진. 겉보기와는 달리 말이 빨라서 그녀가 하는 말을 알아들을 수 없는 사람도 많다. 그럴 때는 오른쪽 화살표(→)로 생각하면 그녀가 말하는 것을 쉽게 이해할 수 있다.

'→'로 바꿀 수 있는 before

before나 after는 시간 관련 상황에서 자주 사용되는 주요 단어이다.

I went there the day before yesterday.
나는 그저께 거기에 갔다.

the day before yesterday는 '어제(yesterday)의 전날(the day before)'로부터 '그저께'라는 의미가 된다. 이와 같이 before는 쉬운 단어이지만, 듣기에서는 혼란스러워 하는 사람도 적지 않다.

He got up before lunch.
그는 점심 전에 일어났다.

문장을 차분히 읽을 수 있는 상황에서는 쉽게 이해할 수 있다. 그런데 듣기 시험이나 원어민과의 대화에서 들으면 '일어났다'와 '점심'의 순서를 헷갈릴 수도 있다. 그럴 때 큰 도움이 되는 것이 오른쪽 화살표(→)이다. 사용법은 간단한데, before를 '→'로 바꾸기만 하면 된다.

He got up before lunch.
일어났다 점심

이렇게 하면 '일어나서, 그리고 점심'이라는 차례가 순식간에 이해된다. 앞으로 before를 보면 꼭 '→'로 바꾸어 보자.

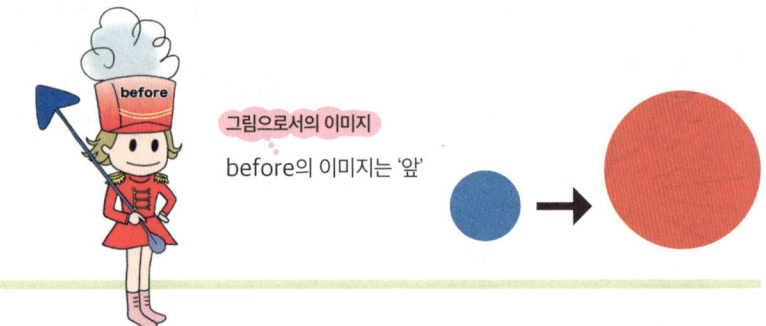

그림으로서의 이미지
before의 이미지는 '앞'

before를 사용해 보자

[앞]

The party was held the week before last.

그 파티는 지지난 주에 열렸다.

* the week before last는 '지지난 주'라는 표현이다. 원래는 the week before the last (week)에서 '지난주의 앞 주'로부터 '지지난 주'가 되었다.

[화살표(→)]

You have to finish it before noon.

너는 정오 전에 그것을 끝내야 한다.

* before를 화살표(→)로 바꾸는 것으로 '그것을 끝내다'에서 '정오(가 되다)'라는 순서를 쉽게 알 수 있다.

off

분리

off의 이미지는 공간·시간상으로 '~에서 아래로, 멀리', 즉 '분리'이다. 또한 off는 '중단(끊어)'의 의미도 있다.

off
힘차게 뛰쳐나가는 로켓 군. 가만히 있을 수 없어서 무슨 일이 있을 때마다 집을 떠나 여기저기서 출몰한다. "어라, 오늘 쉬어?"라는 질문을 받으면 "오늘 오프야."라고 대답하는 것이 입버릇이다.

분리의 이미지를 가진 off

off는 '분리(~에서 아래로, 멀리)'의 이미지를 떠올리면 대부분의 의미를 읽어낼 수 있다. 예를 들어, off work는 '일에서 멀리'로부터 '일에서 벗어나'라는 의미가 되어, I'm off work at 7 o'clock.(나는 7시에 일을 마친다) 등으로 사용한다.

더욱 친숙한 것은 할인에 사용되는 off이다. 실제 미국 쇼핑몰에 가면 off라고 쓰인 안내 표지판을 흔히 볼 수 있다.

30 percent off the market price
시가(시장 가격)에서 30% 할인

'시가에서 30% 정도 빼서'로부터 '시가에서 30% 할인'이라는 의미가 되었다.

공원 표지판에서 쉽게 접할 수 있는 익숙한 문구 하나를 살펴보자.

Keep off the grass.
잔디에 들어가지 마시오.

예문은 '잔디에서 떨어져(off the grass) 계속 있다(keep)'라는 직역에서 '잔디에 들어가지 마시오'라는 의미가 되었다. 이와 같이 off는 단순하고 친숙하면서도 주변에서 자주 볼 수 있는 전치사이다.

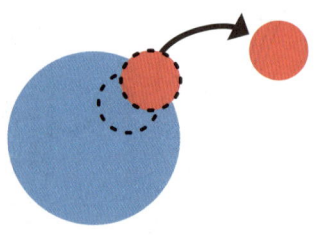

그림으로서의 이미지

접해 있는 것에서 분리되는 이미지

off를 사용해 보자

[분리]

He got off the train at the last stop.

그는 종점에서 열차에서 내렸다.

* get off ~(~에서 내리다)는 숙어로 '열차에서 아래로'의 이미지를 떠올리면 쉽게 이해할 수 있다. 덧붙여서, 반의어인 get on ~(~를 타다)에서 on의 '접촉'(p.52)은 '열차에 달라붙다'를 떠올리면 알기 쉽다.

[분리]

His remarks are always off the point.

그의 발언은 언제나 요점을 벗어난다.

* remark 발언

* off the point는 '요점으로부터(the point) 멀리(off)'이며, 거기에서 '요점을 벗어난'의 의미가 되었다.

[중단]

I'm off coffee now.

나는 지금 커피를 끊었다.

* '커피에서 멀어지다'에서 '커피를 끊다'라는 의미가 되었고, 마약이나 담배, 도박 등을 끊을 때에도 쓰인다.

since

기점

since의 이미지는 '기점'이다. '시간의 기점'으로부터 '~이래'라는 의미가 기본이 되었다. 요즘 가게들의 간판에서 흔히 볼 수 있는 "since 1928" 등의 표기는 과거의 한 점으로부터 현재까지의 계속을 나타낸다.

since

역사 깊은 일본식 과자점의 12대 과자 장인. 과묵한 반면, '~으로부터 지금까지(since)'라고 설명을 덧붙이는 것을 좋아한다. 이것도 장인의 기질일까?

* **일본 연호**
관영(1624~1645) → 대정(1912~1926) → 소화(1926~1989)

* p.98 참조

시간의 기점을 나타내는 since

since의 핵심 이미지는 '기점'이다. 즉, 동작과 상태가 과거 한 점으로부터 현재까지 계속 이어지는 시간의 폭을 나타낸다. 또한 '과거부터 현재까지'를 나타내는 현재 완료형(have p.p.)과 함께 자주 쓰인다.

I haven't seen her since then.
나는 그 이후로 그녀를 만난 적이 없다.

또 가게나 명품숍에서 자주 보는 "since 1928"은 '1928년 창업'이라는 뜻이다. 여기서 since는 '과거의 한 점으로부터 현재까지 계속 이어지다' 혹은 '원점은 거기에 있고 그것이 지금도 계속되다' 등의 뉘앙스를 나타낸다.

그런데 since에는 '접속사' 용법도 있다. 예를 들어, It has been three years since I saw her last.를 직역하면 '그녀를 마지막으로 본 지 3년이 지났다'이다. 이것으로부터 '나는 그녀를 3년 동안 보지 못했다'의 의미가 된다.

또한 접속사 since에는 '~이니까', '~ 때문에'라는 '이유'의 의미도 있다.

Since he is sick, he is absent.
그는 아파서 결석했다.

'~이래'와는 무관하게 생각되지만, 이것도 '어느 행위를 기점으로 해서(동작의 기점)'로부터 '~이니까'가 된 것이다.

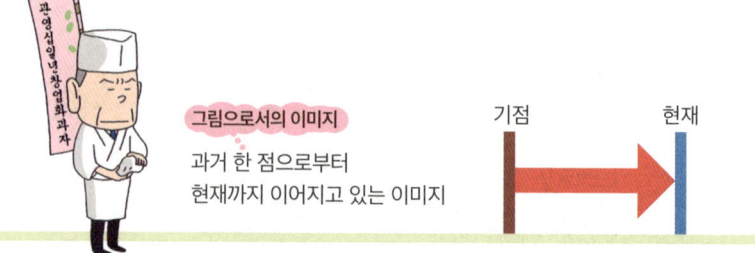

그림으로서의 이미지
과거 한 점으로부터
현재까지 이어지고 있는 이미지

기점　　　현재

since를 사용해 보자

[기점]

We have known each other since childhood.

우리는 어릴 때부터 쭉 서로 아는 사이이다.

* 현재 완료(have known)와 since(~이래)가 함께 사용되고 있다.

[접속사 since(기점)]

It's been ages since I saw you last.

오랜만이에요.

* ages는 '오랜 시간'을 나타내고, 직역하면 '제가 당신을 마지막으로 본 지 오래 되었네요.'가 된다. 이것을 자연스럽게 해석하면 '오랜만이에요.'가 된다.

[접속사 since(이유)]

Since the weather is nice, let's go to the park.

날씨가 좋으니까 우리 공원에 가자.

* 이 문장에서 since는 '이유'를 나타내는 접속사로, '날씨가 좋은 상황을 기점으로 해서'로부터 '날씨가 좋으니까'의 의미가 된다.

under

(위에서 덮여) 아래에 있다

under의 이미지는 '(위에서 덮여) 아래에 있다'로 '～ 미만의'라는 이미지를 가진다. 이것에 의해 '영향'이나 '(～하고 있는) 중인'이라는 의미도 쉽게 이해할 수 있다.

under

다리 아래에 사는 갓파*, 김타로. 정수리에 있는 접시도 수영 실력도 미숙한 것이 걱정이다. 다리 위에 사는 칼리 형님처럼 매력적인 갓파가 되는 것을 목표로 오늘도 수행에 힘쓴다.

* 갓파(kappa)
일본 민담에 나오는 전설적인 동물이자 물의 요정

위에서 덮인 아래를 의미하는 under

under는 '아래에'라고 해석되는 경우가 많지만, '(위에서 덮여) 아래에 있다'로 기억하자. 이 이미지를 알면, 다음의 문장이 단지 '덮개 아래에 (새 차가) 있다'는 것이 아니라 '덮개에 덮여 있다'라는 이미지가 생생하게 떠오를 것이다.

His new car was under a cover.

그의 새 차는 덮개에 덮여 있었다.

'아래에 있는'의 이미지로부터 '(술이나 마약을) 하고' 혹은 '～ 상태에서'라는 의미가 생겨났다.

He drove under the influence of alcohol.

그는 술을 마신 상태에서 운전했다.   *influence 영향

under the influence of alcohol에서 '알코올의 영향 하에서'로부터 '술을 마신 상태에서'라는 의미가 되었다. 덧붙여서, of alcohol을 생략하고 under the influence라고 해도 같은 의미를 나타낸다.

나아가 '영향을 받고 있는'이라는 말로 발전했고, '～을 받고 있는' 혹은 '(～하고 있는) 중인'이라는 의미가 생겨났다. 공사 현장에서 under construction(공사 중)이라고 쓰여 있는 간판을 볼 수 있는데, 이것은 '공사를 하고 있는 중인'이라고 이해하면 알기 쉽다.

그림으로서의 이미지
위에서 덮여 아래에 있는 이미지

under를 사용해 보자

[아래]

There is a cat under the table.

탁자 밑에 고양이가 있다.

* 덮고 있는 것은 탁자이고, 고양이가 탁자 아래에 있는 것을 나타낸다.

[아래]

What do you have under your arm?

너는 팔 아래에 뭘 들고 있니?

* '팔 아래', 즉 겨드랑이 아래에 있는 것을 나타낸다.

[영향]

The nation is under the economic influence of France.

그 나라는 프랑스의 경제적 영향 하에 있다.

* under the influence of ~(~의 영향 하에)에서 under는 '영향'을 나타낸다.

[(~하고 있는) 중인]

The new bridge is under construction.

그 새로운 다리는 공사 중이다.

* under construction(공사 중)에서 under는 '(공사를 하고 있는) 중인'을 나타낸다.

Part 3 알고 있으면 이득이 되는 전치사

여기에서는 across, during, between 등의 전치사를 소개할 거야. 이런 전치사를 알고 있으면 영어 공부에 매우 도움이 될 거야!

across → 오리 가족
between → 아주머니
during → 여배우……??

across p.106

횡단

among p.110

매몰

between p.114

개별적으로
연결되다

during p.118

~ 동안[내내]

over p.122

덮다

through p.126

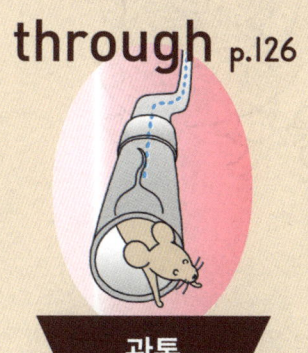

관통

until p.130

계속

across

횡단

across는 '십자(cross)로 자르듯이 이동하다'로부터 '~을 가로지르다'라는 '횡단'의 이미지가 되었다. 거기서부터 '통과'나 '관통·침투', '건너편[맞은편]' 등의 의미가 생겨났다.

across
어미 오리와 새끼들은 매일 아침 산책하는 것이 일과. 오늘 아침도 줄을 서서 다 같이 거리를 가로질러 간다. 도로를 안전하게 건널 수 있다면 어른이라나.

건너편[맞은편]으로 건너가는 across

across는 '~을 가로지르다'라는 '횡단'의 이미지이다. 마치 이쪽에서 저쪽으로 건너가는 것과 똑같다.

He flew across the Pacific.
그는 태평양을 가로질러 날아갔다.

예문에서 across는 이쪽으로부터 '태평양을 가로질러' 건너편으로 횡단하는 움직임을 나타낸다.

다음으로 주목하고 싶은 것은 '관통·침투'의 의미이다. across에는 '완전히 통과할 정도로 구석구석까지', 즉 '관통·침투'라는 의미도 있다. 예를 들어, across the country는 '전국에 걸쳐', across the world는 '전 세계에 걸쳐(즉, 전 세계적인)'라는 뜻이다.

그런데 across는 본래 '관통'의 이미지로 '움직임(이동)'을 수반하지만, 시선이 이쪽에서 건너편으로 통과한 결과로 '그쪽에 있는 것'을 가리키기도 한다.

The restaurant is across the street.
그 식당은 길 건너편[맞은편]에 있다.

이 경우, 식당이나 길 자체는 움직일 수 없으니 건너편에 있는 '위치 관계'를 나타내는 것이다. '건너편에'의 의미를 지닌 across는 일상 회화에서도 자주 사용되니 위치 관계가 즉시 떠오를 수 있도록 기억해 두자.

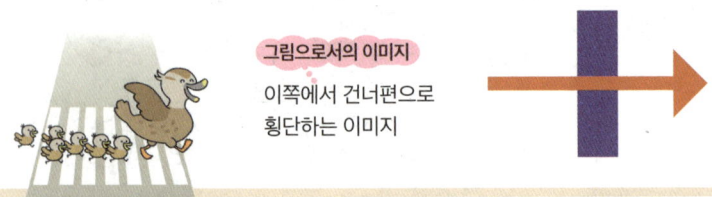

그림으로서의 이미지
이쪽에서 건너편으로 횡단하는 이미지

across를 사용해 보자

[횡단]

She walked across the field.

그녀는 들판을 가로질러 걸어갔다.

* across the field는 이쪽으로부터 '들판을 가로질러' 건너편으로 횡단하는 움직임을 나타낸다.

[관통·침투]

The rumor spread across the company.

그 소문은 회사 전체에 퍼졌다.

* across the company에서 '회사를 완전히 통과할 정도로 구석구석까지'로부터 '회사 전체에'가 된다.

[건너편]

The store is right across the street.

그 가게는 바로 길 건너편[맞은편]에 있다.

* '건너편에'라는 뜻의 across이다. right를 붙여 across가 강조되어 '바로 건너편에'라는 의미가 된다.

'그 소년은 길을 가로질러 달렸다.'는
The boy ran across the road.라고 해.

'오리들이 길을 가로질러 걸었다.'는
The ducks walked across the road.야.

among

매몰

among은 '많은 것에 둘러싸여' 있는 '매몰'의 이미지이다. 일반적으로 알고 있는 '둘 사이'는 between, '셋 이상'은 among이라고 하는 것만으로는 among의 본질을 파악할 수 없다!

among
6인조 아이돌. 중앙에 있는 언니(?!)는 많은 사람에게 둘러싸여 춤추는 것을 매우 좋아한다. 특정한 한 사람에게보다는 불특정 다수의 사람들에게 애교를 부리는 팔방미인 스타일.

매몰의 이미지를 가진 among

among은 '많은 것에 둘러싸여'라는 '매몰'의 이미지를 떠올리는 것이 중요하다.

I found the girl among the crowd.
나는 군중 속에서 그 소녀를 찾았다.

이 문장처럼, 우선 군중 속에 섞여 있는 이미지를 상상해 봐라. 흔히 among을 '~의 사이에'로 해석하는 경우가 많지만, 그러면 단어의 근원적인 의미를 파악하는 것이 불가능해진다.

매몰의 의미인 '뭔가에 갇혀 있다'로부터 '~중 하나', 즉 예시의 의미가 생겨났다.

Seoul is among the largest cities in the world.
서울은 세계에서 가장 큰 도시 중의 하나이다.

이와 같은 문장을 보면, 우선 the largest cities in the world(세계에서 가장 큰 도시들)가 있고, 그 도시들에 Seoul이 둘러싸인 그림을 상상해 봐라. 거기에서 '서울은 세계에서 가장 큰 도시 중의 하나'라는 뜻이 된다.

그림으로서의 이미지
많은 것에 둘러싸여 있는 이미지

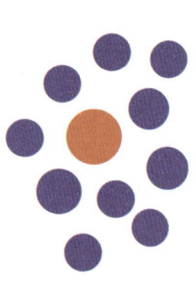

among을 사용해 보자

[매몰]

The actor is very popular among young people.

그 배우는 젊은 사람들 사이에서 매우 인기가 있다.

* '젊은 사람들에게 둘러싸여'로부터 '젊은 사람들 사이에서'라는 이미지가 되었다.

[예시]

This lake is among the deepest in the country.

이 호수는 그 나라에서 가장 깊은 호수 중의 하나이다.

* '많은 깊은 호수에 둘러싸여'로부터 '가장 깊은 호수 중의 하나'가 되었다.

 ## Check it! 알아 두고 싶어!

대부분의 사람들은 '둘 사이'는 between, '셋 이상'은 among으로 기억한다. 사실 핵심은 수가 아니고 대상자가 특정한지의 여부이다. 개별적으로 악수를 하는 상황에서는 상대가 세 명이라도 among이 아니라 between을 사용한다(p.114).

- 특정하지 않은 많은 것 사이에서 → among을 사용한다.
- 특정한 둘의 경우 → between을 사용한다.
- 특정한 셋 이상의 경우 → between을 사용한다.

between

개별적으로 연결되다

between은 '사이에'로 해석되는데, 중요한 것은 '개별적으로 상대방과 연결되어 있다'라는 이미지이다. 비슷한 의미를 가진 among(p.110)과는 이것이 다르다.

between
구식 스타일로 일관하는 참견쟁이 아주머니. 이웃 한 사람 한 사람과 긴밀하게 연결되어 있는, 이른바 거리의 소식통. 취미와 특기는 적령기 남녀를 맺어주는 것이다.

개별적으로 꽉 연결되어 있는 between

'사이에'라고 해석되는 between은 among(p.110)과 비교하여 between은 '둘 사이', among은 '셋 이상'에 사용된다는 설명이 대부분이다. 확실히 그런 경우가 많지만, 실제로는 '셋 이상'에 between이 종종 사용되기도 한다.

먼저 between이 '둘 사이'에서 사용되는 예를 살펴보자.

Between you and me, she is going to resign.
우리끼리 이야기지만, 그녀는 그만둘 거야.

between you and me의 직역은 '당신과 나의 사이'로 일상 회화에서 '우리끼리 이야기지만'으로 자주 쓰는 표현이다.

다음은 between이 '셋 이상'에 사용되는 예이다.

Switzerland lies between France, Italy, Germany and Austria.
스위스는 프랑스, 이탈리아, 독일, 오스트리아 사이에 있다.

이 경우, 스위스는 프랑스, 이탈리아, 독일, 오스트리아와 각각 '개별적으로' 국경을 접하고 있다. 즉, 스위스와 프랑스의 국경은 이탈리아와 관계없이 어디까지나 '스위스 대 프랑스'이다. 이처럼 '각각의 사이에 개별적으로 꽉 연결되어 있다'의 이미지일 때는 비록 '셋 이상'이라도 between이 사용된다. 그 외 treaty between three countries(삼국 간의 협정)라는 표현에서도 '세 나라 사이에 서로 악수하다'라는 이미지를 나타낸다.

그림으로서의 이미지

○대○로 개별적으로 상대와 연결되어 있는 이미지

between을 사용해 보자

[둘 사이]

What's the difference between the cultures of the East and the West?

동서양 문화(사이)의 차이는 무엇입니까?

* the difference between ~(~의 차이)은 '두 개 사이의 차이'라는 이미지이다. What's the difference between ~?(~의 차이는 무엇입니까?)의 표현은 외국인과의 회화에 도움이 되므로 기억하자.

[셋 이상]

The Mediterranean lies between Africa, Europe and Asia.

지중해는 아프리카, 유럽, 아시아 사이에 있다.

* 이 경우, 지중해와 아프리카, 지중해와 유럽, 지중해와 아시아로 각각 개별적으로 연결되어 있으므로 상대가 셋 이상인 경우에도 between이 사용된다.

뉴스 등에 나오는 예문을 하나 소개할게.

There is an alliance between the three nations.
그 세 나라 사이에는 동맹이 있다.

이것도 '개별적으로 악수'하고 있는 이미지여서 '셋 이상'이라도 between이 사용된 거야!

during

~ 동안[내내]

during의 이미지는 '**특정 기간(~ 동안[내내])**'이다. 비슷한 의미를 가진 단어로 전치사 for나 접속사 while이 있지만, 이들에 비하면 during은 의외로 제약이 많고 까다로운 단어이다.

during
아침은 소식(小食), 힐은 7cm 이상, 대기 시간은 15분까지 등 사사건건 까다로운 '여배우'. 최근 데뷔한 모델 '화일'이 라이벌.

특정 기간을 나타내는 during

during의 '~ 동안[내내]'의 의미를 확인해 보자.

The doors remained open during the meeting.
회의 내내 문이 열려 있었다.

이 경우, during은 '(회의) 중간중간에', '(회의)내내'라는 계속을 나타내며 뒤에는 특정 기간을 나타내는 명사가 온다.

비슷한 전치사에 for가 있는데, for는 막연히 '(시간적인) 범위'를 나타낼 뿐 during과 같이 특정 기간을 나타내지는 않는다. 예를 들어, during the month(그 한 달 동안)는 month 앞에 정관사(the)가 붙어 특정 기간을 나타내는 반면에, for a month(한 달 동안)는 단순히 '1'이란 뜻의 a로 충분한 것이다.

또한 during(~ 동안)은 '특정 기간 중의 어느 한 시점'을 나타내기도 한다.

The rain changed to snow during the night.
밤에 비가 눈으로 바뀌었다.

이 문장에서 during the night가 '밤 내내(계속 바뀌었다)'를 의미하는 것이 아니다. '비가 눈으로 바뀐 것'은 밤사이의 어느 한 시점에서 일어난 것이므로 during이 쓰인 것이다.

또 한 가지 주목할 것은 during과 while의 차이이다. during은 '전치사'로 뒤에 명사가 오는 반면, while은 '접속사'로 뒤에 S+V(주어+술어)가 온다. 시험에 자주 출제되므로 기억해 두자.

그림으로서의 이미지

'~ 동안[내내]'이라는 특정 기간을 나타내는 이미지

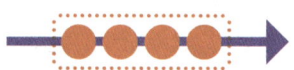

during을 사용해 보자

[특정 기간]

I was standing during the entire lecture.

나는 강의 내내 서 있었다.

* 정관사(the)를 더해서 특정 기간을 나타낸다.

[특정 기간]

A man came to see you during your absence.

네가 없을 때 한 남자가 너를 만나러 왔어.

* '부재중'이라는 특정 시점에 한 남성이 왔었다는 의미이다.

Check it! 알아 두고 싶어!

during과 while은 모두 '~ 동안'이라는 의미이지만, during은 뒤에 명사가 오고, while은 뒤에 S+V가 온다.

During my stay in New York, I visited museums every day.
뉴욕에 머무는 동안, 나는 매일 미술관을 방문했다.

While I stayed in New York, I visited museums every day.
뉴욕에 머무는 동안, 나는 매일 미술관을 방문했다.

over

덮다

over의 '덮다'라는 이미지를 이해하는 것이 중요하다. 이 이미지를 확실히 이해하면 '~을 넘어'의 의미는 물론, 그 외의 의미들도 어렵지 않게 이해할 수 있다.

over
장애물을 화려하게 넘어가는 여우 군. 그 모습에 영향을 받아 숲에서는 장애물 경주가 크게 유행이다. 대회를 향해서 오늘도 여기저기서 껑충, 껑충, 꺼~엉충!

뭔가를 덮는 이미지의 over

over는 '~을 넘어'라는 의미를 갖는데, 이것은 '덮다'라는 이미지에서 왔다고 볼 수 있다. 예문에서 확인해 보자.

The quick brown fox jumps over the lazy dog.

날쌘 갈색 여우가 게으른 개를 뛰어넘는다.

여우가 개 위를 껑충 뛰어넘는 모습이 바로 over의 이미지이다.

나아가 '덮다'라는 이미지를 기억해 두면, '물체'뿐만 아니라 추상적인 것을 덮는 의미도 쉽게 이해할 수 있다.

We discussed the matter over coffee.

우리는 커피를 마시면서 그 문제를 상의했다.   * discuss 상의하다

over coffee는 '커피를 마시면서(커피를 마시는 시간의 범위 전체) 문제를 상의하다'의 의미로 이해할 수 있다.

I'm going to stay here over the weekend.

나는 주말(동안)에 여기에 머무를 것이다.

weekend(주말)도 마찬가지이다. 즉, '주말을 덮고 있는'에서 '일정 및 달력의 주말 부분을 덮고 있는'의 의미가 되고, 거기서 '주말 동안'으로 해석할 수 있다.

그림으로서의 이미지
뭔가를 '넘어', 즉 뭔가를 덮는 이미지

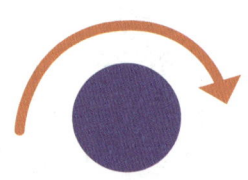

over를 사용해 보자

[물체 위를 덮다]

Snow is falling over the northern part of England.

영국의 북부에 눈이 내리고 있다.

* 눈이 와서 영국의 북부를 온통 덮고 있는 이미지이다. over는 접촉하고 있지 않는 예가 많지만, 이 문장과 같이 (지면에) 접촉하고 있는 경우도 있다.

[추상적 대상(시간)을 덮다]

Let's talk over a cup of tea.

차를 마시면서 이야기하자.

* '차를 마시는 시간의 범위를 덮도록 대화가 오가다'로부터 '차를 마시며 대화가 오가다'가 되었다. over를 '덮다'라고 기억해 두면 구태여 '～하면서'라는 의미를 기억하지 않고도 바로 이해할 수 있다.

'덮다'가 핵심이 되는 over는, 개나 다리 등의 물체 위나 혹은 주말(weekend)처럼 시간과 같은 추상적인 대상의 전체를 덮는 의미를 나타낼 수도 있어.

through

관통

through의 이미지는 '관통'으로 한쪽 끝에서 반대편 끝까지 통과하는 이미지이다. 이것을 알아두면 '종료'나 '수단·원인' 등의 의미도 쉽게 이해할 수 있다.

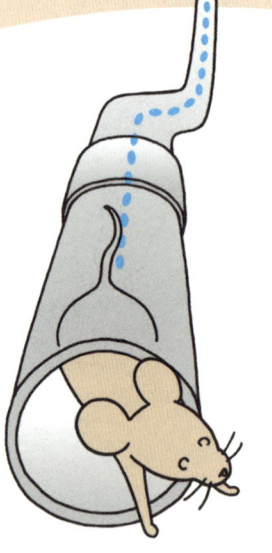

through
어떤 장애물도 재빨리 빠져나가는 생쥐 군. 오늘도 배관을 빨리 통과해 치즈 확보! 동료들이 Have you already gotten through?(벌써 끝났니?)라고 말을 걸어온다.

뭔가를 통과하는 이미지의 through

through는 뭔가를 빠져 나가거나 관통하는 이미지로, 이 이미지를 기억하면 '종료'나 '수단·원인' 등의 의미도 쉽게 이해할 수 있다. 먼저 기본적인 '뭔가를 뚫고 나가는' 이미지의 예문을 보자.

The Thames flows through London.
템스 강은 런던을 통해 흐른다.

이 문장에서 템스 강이 런던을 관통해서 흐르고 있음을 알 수 있다. '관통'이란 무엇을 통과해 끝까지 가는 것을 의미하는데, 여기에서 '종료'의 의미도 이해할 수 있다.

Hasn't she gotten through college yet?
그녀는 대학을 아직도 졸업하지 못 했니?

through college는 '대학을 통과하다'에서 '대학을 마치다(졸업하다)'라는 의미가 된다. 나아가 through는 '원인'이나 '수단'도 나타낸다.

She attained success through hard work.
그녀는 열심히 일해서[일한 덕분에] 성공을 거뒀다.

through hard work는 '열심히 일한 것을 통해서'에서 '열심히 일한 덕분에'가 된다. 마찬가지로 through the Internet은 '인터넷을 통해서', through carelessness는 '부주의로' 등이 된다.

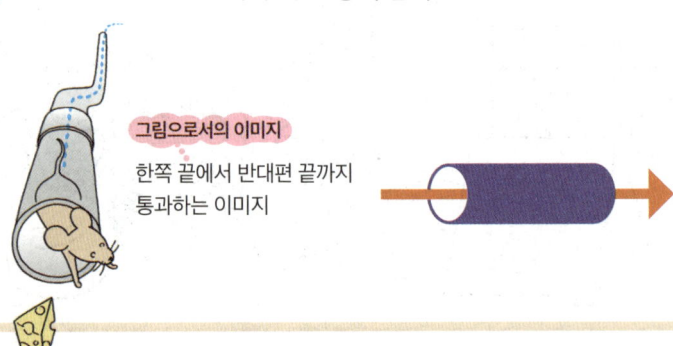

그림으로서의 이미지
한쪽 끝에서 반대편 끝까지 통과하는 이미지

through를 사용해 보자

[관통]

He looks through the newspaper every morning.

그는 매일 아침 신문을 훑어본다.

* look through ~(~를 훑어보다)는 숙어로 '시선이 신문을 통과하는' 이미지를 알면 이해하기 쉽다.

[종료]

I'm through with her.

나는 그녀와 끝났어.

* through는 '종료'의 이미지를 가지고 있어서 be through with ~는 '~와의 관계를 끊다', '~을 중단시키다'라는 의미가 된다.

[수단·원인]

I located my old high school friend through the Internet.

나는 인터넷으로 고교 시절 친구를 찾았다.

* '인터넷을 통해'로부터 '인터넷으로'의 의미를 가지므로, through를 '의존의 on' 으로 대체해 on the Internet(인터넷 상에서)이라고 해도 OK.

until

계속

until의 기본이 되는 이미지는 '줄곧' 혹은 '～까지 쭉'이라는 '계속'을 나타낸다. '～까지는'이라는 의미를 가지는 by와의 차이에도 주목하자.

until

노마드족*인 사오리. 노트북이나 스마트폰을 가지고, 오늘도 인터넷 환경이 좋은 카페로 이동한다. 일이 끝날 때까지 계속 눌러 앉아 있어 완전 가게의 얼굴이 되었다.

* 노마드족
원하는 목적을 이루기 위해 여러 곳을 돌아다니는 사람[무리]

어느 시점까지의 계속을 나타내는 until

'~까지 쭉'을 의미하는 until은 어느 시점까지의 '계속'을 나타낸다.

I waited for her until nine o'clock.

나는 그녀를 9시까지 기다렸다.

'9시까지 기다렸다'로 '계속'을 표현하는 것이 특징이다.

한편, 비슷한 의미를 가진 by는 '~까지는'이라는 기한을 나타낸다. 다음 예문에서 둘의 차이를 확인해 보자.

1 until을 사용한 경우

   I'll be here until five.

   5시까지 여기에 있을 거야.

2 by를 사용한 경우

   I'll be here by five.

   5시까지는 여기에 올 거야.

1은 '지금부터 5시까지 계속(여기서 움직이지 않는다)'이라는 '계속'을, 2는 '5시까지는 여기로 돌아온다'라는 '기한'을 나타낸다.

덧붙여서, until은 till로 바꿔도 괜찮다. 세세한 차이(until은 till보다 좀 더 격식 있고 정중한 뉘앙스)는 있지만, 같은 의미로 봐도 문제없다.

그림으로서의 이미지

어느 시점까지의 '계속'을 나타내는 이미지

어느 시점

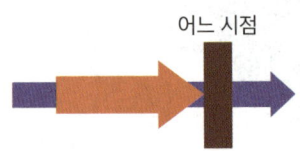

until을 사용해 보자

[계속]

She stayed in the coffee shop until closing time.

그녀는 폐점 시간까지 커피숍에 있었다.

* '~까지 쭉(until)'이라는 '계속'의 이미지를 가진다.

[접속사]

I will stay here until it stops raining.

비가 그칠 때까지 나는 여기에 있을 거야.

* until은 접속사로도 쓰여 뒤에 S+V를 취하나 의미는 '~까지 쭉'으로 같다.

Check it! 알아 두고 싶어!

접속사 until은 사전에 '~하고 마침내'라는 의미가 있지만, 이 경우 until을 '그리고'라고 보고 왼쪽에서 오른쪽으로 해석하여 이해하면 보다 자연스러워진다.

She waited there for three hours until he appeared.
그녀가 거기서 3시간을 기다렸고 (마침내) 그가 나타났다.

예문을 '그가 나타나기까지 3시간이나 기다렸다'로 직역해도 좋지만, '그녀가 거기서 3시간을 기다렸다. 그리고 그가 나타났다.'라고 왼쪽에서 오른쪽으로 해석하는 것이 보다 자연스럽다.

Part 4 알고 있으면 자랑할 수 있는 전치사

전치사에 대한 여러 핵심 이미지들을 알아봤어. 마지막은 앞서 나온 전치사들보다 상대적으로 적게 쓰이지만, 알고 있으면 영어를 훨씬 매끄럽게 할 수 있는 beside와 beyond 등의 전치사 여섯 개를 소개하고자 해.

along(~을 따라)과 within(범위 내)도 훌륭한 전치사야. 이번 기회에 꼭 기억해 두자!

along p.136

~을 따라

behind p.140

배후

beside p.144

옆에 있는

beyond p.148

초월

into p.152

돌입

within p.156

(특정) 범위 내

along

~을 따라

along은 선로나 길, 해변 등을 '따라가다'라는 이미지이지만, 선로나 길 위를 지나가는 것도 나타낸다. 둘 다 '~을 따라'라는 이미지로 기억하는 것이 중요하다.

along
긴 선로를 따라 오늘도 힘차게 나아가는 엄마와 나. 오랜 경력을 가진 엄마는 고객을 태우고 선로 위를, 수습생인 나는 선로를 따라 달리며 특별 수업 중. 빨리 어른이 되어 선로 위를 달리고 싶어!

밖이나 위를 따라 나아가는 along

along은 '~을 따라'로 친숙한 전치사인데, 자세히 보면 두 가지 의미가 있다. '~의 밖을 따라'라는 의미와 '~의 위를 따라'라는 의미로 나뉜다.
along the river를 사용한 문장 두 개를 비교해 보자.

1 **She walked along the river.**
그녀는 강을 따라(강가를) 걸었다.

2 **The ship sailed along the river.**
그 배는 강을 항해했다.

1은 '~의 밖을 따라' 걷는다는 의미이고, 2는 '~의 위를 따라' 항해한다는 의미이다. 즉, 같은 along the river이라도 1에서는 '강을 따라(강가를)'가 되고, 2에서는 '강을'이 되는 것이다. 어느 쪽에 해당할지는 문맥이나 상식 등으로 간단하게 판단할 수 있다.

along은 회화에서 숙어로 잘 사용되는데, 오른쪽 페이지의 Check it! 에서 확인해 보자.

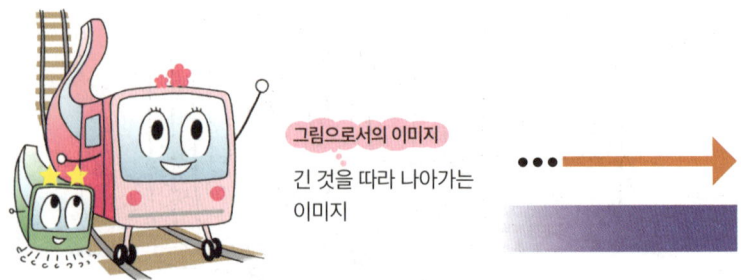

그림으로서의 이미지
긴 것을 따라 나아가는 이미지

along을 사용해 보자

[밖을 따라 이동]

They walked along the beach.

그들은 해변을 따라 걸었다.

* 여기서 along the beach는 '해변을 따라(해변가를)'가 된다.

[그 위를 이동]

He ran along the sidewalk.

그는 보도를 달렸다.

* 여기서 along the sidewalk는 '보도 그 자체를'이 된다.

Check it! 알아 두고 싶어!

along은 숙어로도 잘 쓰이는데, 여기서 along은 전치사가 아닌 부사지만 개념은 같다.

1 She is calm and gets along with everyone.
그녀는 침착한 사람으로 모두와 사이좋게 지낸다.
* get along with ~를 직역하면 '~와 함께(with) 길을 따라(along) 나아가다(get)'로 '~와 사이좋게 지내다'의 의미가 된다.

2 Why don't you come along with us?
우리와 함께 가지 않을래?
* come along with ~를 직역하면 '~와 함께(with) 길을 따라(along) 가다(come)'로 '~와 함께 가다'의 의미가 된다.

behind

배후

behind의 이미지는 '배후(~의 뒤에)'로 말없이 주인을 섬기는 집사 같은 존재이다. 이 이미지를 기억하면 behind가 '시간의 지연'을 나타내는 것도 이해할 수 있다.

behind
침착, 냉정, 명석한 두뇌의 훈남 집사. 항상 주인을 그림자처럼 섬기지만, 때론 너무 지나쳐서 주인의 분노를 사기도 한다.

배후를 나타내는 behind

behind의 기본 이미지는 '배후(~의 뒤에)'이다.

People are talking about him behind his back.

사람들이 그의 뒤에서 그에 대해서 이야기하고 있다.

behind one's back은 숙어로, 직역하면 '사람 등 뒤에서'로부터 '~의 뒤에서'라는 의미가 되었다.

게다가 '시간적인 배후'로부터 '늦어'라는 의미도 나타내어 behind schedule(예정보다 늦게)이라는 숙어로도 자주 사용된다.

그렇다면 다음 문장의 의미를 알아보자.

He is sitting behind the steering wheel.

그는 운전석에 앉아 있다.

sit behind the steering wheel은 '운전석에 앉다'라는 뜻의 숙어이다. 영어에서는 운전석에 앉은 모습을 '핸들(the steering wheel)의 뒤에(behind) 앉다(sit)'로 표현한다. 앞으로 가는 관점에서 보닛-핸들-운전자라는 위치 관계로 파악할 수 있으며, '그는 운전석에 앉아 있다'로 해석한다.

보닛 → 핸들 → 운전자

그림으로서의 이미지
뭔가의 뒤(배후)를 나타내는 이미지

behind를 사용해 보자

[배후]

I found a wallet on the street behind my house.

우리 집 뒤에 있는 거리에서 지갑을 발견했다.

* behind my house는 '우리 집 뒤에'라는 위치를 나타낸다.

[지연]

The train arrived ten minutes behind schedule.

열차는 예정보다 10분 늦게 도착했다.

* behind schedule은 '예정보다 늦게'라는 숙어이다.

[부사 behind]

Did you leave your valuables behind?

당신의 귀중품을 뒤에 두고 왔습니까? 　　　　* valuables 귀중품

* leave ~ behind(~을 뒤에 두고 오다)의 숙어에서 behind는 전치사가 아니라 '부사'지만 의미는 전치사와 같다. 외국의 택시나 화장실 등에서 볼 수 있는 문장이므로 기억해 두자.

스포츠 중계에서 two points behind라는 말을 자주 들을 수 있는데, 이때의 의미는 '2점 뒤진 채'가 돼.

beside

옆에 있는

beside는 'be(있다)+side(옆)'. 즉, '옆에 있는' 것이 beside의 이미지이다. 비슷한 의미의 전치사로 by가 있지만, beside는 by만큼 넓은 의미를 갖고 있지는 않다.

beside
언제나 요시오 군의 옆에 달라붙어 그를 지키고 있는 수호령 A. 웬일인지 수호령 A는 종종 사촌인 수호령 B로 오인되어 남몰래 상처받는다.

숙어로 많이 쓰이는 beside

beside(옆에)는 그다지 어렵지 않은 전치사로 아래 예문은 차가 가게 옆에 있다는 것을 나타낸다.

He parked his car beside the store.
그는 그의 차를 가게 옆에 주차했다.

beside는 숙어로 자주 사용되는데 beside the point는 '요점(point)의 옆(beside)', 즉 '요점을 벗어난'이라는 의미이다. 나아가 beside oneself는 '자신(oneself)의 옆(beside)', 즉 '자신의 옆에 자신이 있는'의 의미에서 '이성을 잃고' 혹은 '어찌할 바를 모르고'가 된다. 사용법은 다음 페이지의 예문으로 확인해 보자.

그런데 beside와 모양이 닮은 전치사로 besides가 있다. 철자에 s가 더해졌을 뿐인데 의미는 완전히 달라져서 '~ 외에'라는 의미가 된다.

I have no friends besides him.
나는 그 외에 친구가 없다.

이 문장의 besides를 beside라고 오역하면 '나는 그의 옆에 친구가 없다'라는 말도 안 되는 해석이 되어 버린다. 의미를 바로잡기 위해서, 약간 억지일 수 있지만 besides의 s는 '복수형'이라고 생각하고, '옆에 있는' 것에 더하여 '~ 외에'라고 기억하면 좋다.

그림으로서의 이미지
바로 옆에 늘어선 이미지

beside를 사용해 보자

[beside the point]

Your question is beside the point.

너의 질문은 요점을 벗어난다.

* beside the point(요점을 벗어난, 중요하지 않은)는 '요점의 옆'으로부터 '요점을 벗어난, 중요하지 않은'이 되었다.

[beside oneself]

I was beside myself with joy when he won the competition.

그가 대회에서 우승했을 때 나는 기뻐서 어찌할 바를 몰랐다.

* beside oneself(이성을 잃고, 어찌할 바를 모르고)는 '자신의 옆에 자신이 있다'에서 '기쁨 등으로 자기를 잊다'를 사용할 수 있는 상황 등에서 쓴다.

 **Check it! 알아 두고 싶어!**

besides는 '~ 외에'라는 의미의 전치사 외에, 부사로 '게다가' 혹은 '뿐만 아니라'로 뭔가를 추가하고 싶을 때도 사용한다. 예를 들면, 회화에서 I'm tired; besides, it's late.(내가 피곤하고, 게다가 시간도 늦었어)처럼 사용한다.

- **beside** → 전치사(옆에)
- **besides** → 전치사(~ 외에), 부사(게다가, 뿐만 아니라)

beyond

초월

beyond의 이미지는 '초월'로 '넘어서는' 혹은 '~ 저편[너머]에'를 나타낸다. 마치 커다란 담장을 앞에 두고 그 담장을 넘어선 세상을 꿈꾸고 있는 이미지이다.

beyond
감옥 섬의 죄수 B. 사정이 있어 잡혀 있는 신세지만, 언젠가는 높은 담을 넘어 자유를 만끽하는 꿈을 꾼다. 매일의 대화 상대는 갈매기.

초월의 이미지인 beyond

beyond의 핵심 이미지는 '초월(넘어서는)'이다. 저 멀리 헤쳐 나가는 광경을 떠올리면 된다.

The ship disappeared beyond the horizon.

그 배는 수평선 너머로 사라졌다.

예문은 배가 수평선 너머로 사라지는 모습을 나타낸다.

게다가 beyond는 '초월'로부터 파생한 '부정'의 의미를 가진다.

His decision is beyond me.

그의 결정은 나로서는 이해할 수 없다.

beyond me를 직역하면 '나를 넘어서는', 즉 '나의 능력을 넘어'로부터 '나로서는 이해할 수 없는'이 된다. 덧붙여서, beyond me는 beyond my understanding으로 바꿔서 His decision is beyond my understanding.이라고 표현할 수도 있다.

'부정'의 의미를 가지는 beyond는 그 외 여러 숙어로도 사용되는데, 모두 '넘어서는'을 기본으로 생각하면 쉽게 이해할 수 있다. 예를 들어, beyond description은 '말로 표현할 수 있는 범위를 넘은'으로부터 '이루 말할 수 없는', beyond one's control은 '통제할 수 있는 범위를 넘은'으로부터 '통제할 수 없는' 등이 있다.

그림으로서의 이미지

맞은편으로 넘어가는 이미지

beyond를 사용해 보자

[초월]

Korean culture spread beyond its borders.

한국 문화는 국경을 넘어 퍼져 나갔다.

* beyond its borders(국경을 넘어)는 '국경을 넘어' 문화가 확산되는 모습을 나타내며, 참고로 spread는 과거형도 spread로 같다.

[초월]

I stayed out beyond midnight.

나는 자정이 넘도록 밖에 있었다.

* beyond midnight(자정이 넘도록)은 '한밤중이 되도록'이라는 이미지이다.

[부정]

The situation is beyond our control.

상황은 우리가 통제할 수 없다.

* beyond one's control(통제할 수 없는)은 '통제할 수 있는 범위를 넘은'으로부터 '통제할 수 없는'의 의미가 된다.

[부정]

Her beauty is beyond description.

그녀의 아름다움은 이루 말할 수 없다.

* beyond description은 '말로 표현할 수 있는 범위를 넘은'으로부터 '이루 말할 수 없는'의 의미가 된다.

into

돌입

in과 to가 붙은 into는 '돌입(~ 안에 들어가다)'의 이미지로, 대상은 상태나 시간 등이다.

into
트렌드에 민감한 직장인 K미(美). 관심이 가는 것은 곧장 달려들지만, 식는 것도 빠르다. 회사에서는 멋쟁이로 군림하고 있으며, 최근에는 네일아트에 빠져 있다.

돌입의 의미를 나타내는 into

into는 '포위'를 나타내는 in과 '방향·도달'을 나타내는 to가 결합된 단어이다. 둘의 의미가 합쳐져 '돌입(~ 안에 들어가다)'이라는 것을 쉽게 이해할 수 있다. 다음과 같은 예문처럼 사용한다.

He went into the building with his mother.
그는 어머니와 함께 건물 안으로 들어갔다.

into는 '상태로의 돌입'도 나타내어 '~이 되다' 혹은 '~로 변하다'라고 해석한다.

A caterpillar turns into a butterfly.
애벌레는 나비가 된다.

나아가 '시간으로의 돌입(~을 넘어, ~까지)'도 나타내어, into the night은 '한밤중으로 들어가'로부터 '밤이 깊도록'이라는 이미지로 사용된다.

They talked well into the night.
그들은 밤이 깊도록 이야기했다.

well은 강조의 역할로 직역하면 '완전히 한밤중으로 들어가'가 된다.

또한 into는 '빠져 있는'이라는 의미도 나타내는데, 이 into는 I'm into nail art.(나는 네일아트에 빠져 있다)와 같이 '상태로의 돌입'을 나타낸다.

그림으로서의 이미지

뭔가 내부에 들어가는 이미지

into를 사용해 보자

[상태]

She tried to translate Korean into English.

그녀는 한국어를 영어로 번역하려고 노력했다.

* translate A into B(A를 B로 번역하다)는 숙어로 '한국어'를 '영어'로 바꾸는 것을 나타낸다.

[상태]

He didn't go into details.

그는 자세히 설명하지 않았다.

* go into details는 '세부사항으로 들어가다'로부터 '자세히 설명하다'의 의미가 된다.

[시간]

My mother is well into her eighties.

우리 어머니는 80대에 접어드셨다.

* well into her eighties는 '충분히 80세 안으로 들어가'로부터 '80세에 유유히 들어선'의 의미가 된다.

What are you into these days?는 '요즘 너의 관심사가 뭐니(요즘 뭐에 빠져 있니?)'라는 의미로 일상 회화에서 자주 쓰이는 표현이야.

I'm into yoga.

within

(특정) 범위 내

within의 이미지는 '(특정) 범위 내'로, with와 in이 붙어서 만들어진 전치사이지만 with(~와 함께)보다 in(포위)에 가깝고, '(특정한 기간) 내에' 등 범위 내를 강조한다.

within

뭐든지 시간 내에 끝내고 싶어 하는 샐러리맨. 시간 제한을 두면 생산성이 올라갈 것이라고 믿는다. 다른 사람에게도 그것을 강요해 우격다짐을 벌이는 일도 종종 있다.

특정한 범위 내를 나타내는 within

within은 '경과(~후에)'의 in과 헷갈릴 수 있지만, 그 차이는 '범위의 명확성'에 있다. 예를 들어, within an hour는 '1시간 내에'이지만 in an hour는 '명확히 1시간 후에'를 나타낸다. 둘의 의미가 완전히 다르므로 주의하자.

I will be back within an hour.
1시간 내에 돌아올 거야.

I will be back in an hour.
1시간 후에 돌아올 거야.

within은 '1시간 내에'처럼 어느 정도의 범위를 나타내는 경우에 사용한다. 왜냐하면 in 앞에 with가 달라붙어 in('안'이라는 범위)이 강조되기 때문이다.

within은 시간의 범위뿐만 아니라 '어떤 장소 안쪽에'라는 이미지에서 '(특정 거리) 이내에[안에]'로도 사용된다. 특히 within walking distance of ~(~에서 걸어갈 수 있는 거리에)라는 표현은 자주 쓰인다.

나아가 '일정한 범위·한계 내에'라는 이미지도 있다. 예를 들어, live within one's income은 '수입(자신이 벌 수 있는 범위) 내에서 생활하다'로부터 '수입 내에서 생활하다'라는 의미가 된다.

그림으로서의 이미지
기간이나 거리 등의 특정한 범위를 나타내는 이미지

within을 사용해 보자

[특정 기간]

We ship our orders within 24 hours of receipt.

저희는 주문서를 수령 후 24시간 내에 발송합니다.

* 비즈니스나 쇼핑 사이트에서 자주 볼 수 있는 표현으로 within은 '시간 범위 내에'를 나타낸다.

[특정 거리]

It's within walking distance.

걸어갈 수 있는 거리에 있다.

* within walking distance(걸어갈 수 있는 거리에)라는 표현은 누군가 길을 물었을 때 주로 사용한다.

[범위·한계]

You have to live within your income.

당신은 당신의 수입 내에서 생활해야 한다.

* within은 어떤 '(범위·한계) 내에'에 사용되는 전치사이다.

[저자]
세키 마사오

1975년 도쿄 태생. 게이오 기쥬쿠 대학 문학부(영미 문학 전공) 졸업. TOEIC 990점 만점. "스터디 사프리" 강사로 전국의 중·고등학생은 물론 대학생, 성인 등 연간 40만 명에게 TOEIC 수업을 진행하고 있다. 저서로 「세계에서 제일 알기 쉬운 영문법 수업(KADOKAWA)」, 「서바이벌 영문법(NHK 신간)」 등이 있다.

[역자]
㈜키출판사

「미국교과서 읽는 리딩」, 「매3」 시리즈, 「덕분에」 시리즈, 「매일 10분 기초 영문법의 기적」 시리즈 등 유·초등부터 중·고등, 성인에 이르기까지 유수의 베스트셀러, 스테디셀러 영어 교재를 출판해오고 있다. "교육 R&D에 앞서가는 키출판사"라는 슬로건 아래 아동 발달론, 외국어 교육학 및 제2 언어 습득론, 현대 언어학의 연구 결과들을 바탕으로 누구나 쉽게 따라올 수 있는 '반드시 성공할 수밖에 없는 영어 교육'을 위한 콘텐츠 개발에 힘쓰고 있다.

전치사 핵심 이미지 캐릭터 도감

전치사 덕분에 영어 공부가 쉬워졌습니다

초 판	3쇄 발행	2022년 8월
저 자	세키 마사오	
역 자	㈜키출판사	
펴 낸 이	김기중	
펴 낸 곳	㈜키출판사	
전 화	1644-8808	
팩 스	02) 733-1595	
등 록	1980. 3. 19. (제16-32호)	

© 2019 세키 마사오

정가 14,000원
이 책의 무단 복제, 복사, 전재는 저작권법에 저촉됩니다.
잘못 만들어진 책은 구입처에서 바꾸어 드립니다.
ISBN 979-11-89719-39-5 (13740)

KAKUSHIN NO IMAGE GA WAKARU! ZENCHISHI KYARA ZUKAN by Masao Seki
Copyright © 2017 Masao Seki
All rights reserved.
First published in Japan by SHINSEI Publishing Co., Ltd., Tokyo.

This Korean language edition is published by arrangement with SHINSEI Publishing Co., Ltd., Tokyo in care of Tuttle-Mori Agency, Inc., Tokyo through Imprima Korea Agency, Seoul.

이 책의 한국어판 저작권은 Tuttle-Mori Agency, Inc.와 Imprima Korea Agency를 통해 SHINSEI Publishing Co., Ltd.와의 독점계약으로 ㈜키출판사에 있습니다. 저작권법에 의해 한국 내에서 보호를 받는 저작물이므로 무단전재와 무단복제를 금합니다.